외국인을 위한
한국문화(상)

본 저서는 2010년도 경원대학교 교내연구비의 지원을 받아 이루어졌음.

외국인을 위한 **한국문화(상)**

김진호 · 장권순 · 이태환 지음

역락

▍머리말

학문으로서의 한국어와 인연을 맺은 지는 벌써 20여 년이 흘렀고, 외국어로서의 한국어 교육에 몸을 담은 지는 불과 7년 밖에 지나지 않았지만, 그 7년의 시간이 20여 년의 시간 차이를 극복하는 느낌은 그 어떤 이유일까?

한국어는 물론이며 사회, 정치, 경제, 문화, 문학 등의 한국문화 전반에 대해 알지 못하는 그러나 알고자 하는 열정을 지닌 낯선 이방인들에게 언어와 문화를 알기 쉽게 알려주어야 하는 한국어 교육만이 지니고 있는 특징에서 말미암은 것이 아닐까 생각해본다.

한국어 교육의 현장에서 목소리 높여 주장하는 문화와 언어 병행의 교육적 효과의 시너지를 생각하지 않더라도 교육의 한 축으로서 언어와 문화는 따로 생각할 수 없는 관계이다. 그리고 이러한 생각은 외국어 교육으로서의 한국어 교육뿐만 아니라 언어를 배우고 가르치는 우리 모두가 느끼는 공통적인 생각이라 감히 생각한다.

이러한 현실 속에서 과연 우리는 한국어 교육에 있어 한국의 문화를 얼마만큼 반영했으며 반영하고 있는지 그리고 어느 정도의 노력을 기울이고 있는지 의문을 갖지 않을 수 없다. 대학 기관에서 나온 최근의 교재들에서는 이러한 인식 아래 다양한 문화적 요소를 가미해 언어와 문화를 교육하고 있음은 다행한 일이다.

그러나 궁극적으로는 일상 회화의 대화 형식에 한국 문화적 요소들을 직접 가미시킨 교재들이 개발되어야 할 것이며, 더 나아가 기초적인 것과 전문적인 한국 문화교육을 위한 교재 개발도 필요하리라 본다.

이런 생각을 하던 차에 저자와 몇 명의 외국어로서의 한국어 선생님들이 뜻을 모아 그 기초적인 작업의 일환으로 한국 문화 전반에 대해 기술하기로 하였으며, 그 뜻을 모은 지 약 2여 년의 산고 끝에 본서가 출간되기에 이르렀다.

앞에서 장황하게 얘기했던 문화의 중요성만큼이나 그 내용이나 체계, 그리고 다양한 시각적 자료 등을 갖추지 못함에 부끄럽지만 이를 계기로 좀 더 나은 문화 관련의 저서들이 출간되기를 바라는 것에 의의를 두고자 한다.

처음 마음먹었던 만큼의 외국어로서의 한국어 교육에 일조가 될 수 있음은 본서의 공간 후 많은 관계자로부터 받는 질책으로 대신하고자 한다. 아무튼 외국어로서의 한국어 교육을 통해 한국의 세계화에 일조하시는 모든 분들의 수고에 머리 숙여 감사드리며 어려운 경제 상황 속에서도 한국어 교육의 투자에 아끼지 않으시는 역락출판사 이대현 사장님에게도 감사의 마음을 전한다.

2011년 2월 10일

김진호

■ 일러두기

[본서의 구성]

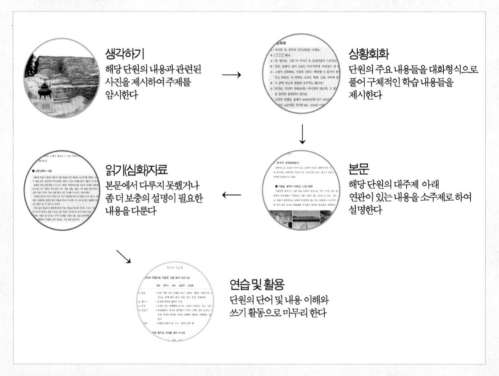

[본서의 활용]

총 10개의 대주제는 그 하위로 2에서 4개 정도의 소주제들이 연결되어 있으며, 본서의 전체에 약 29개 항목이 있다. 이들 항목에 대한 서술은 모두 동일한 구성으로 이루어졌으며 이를 활용하는 방법은 다음과 같다.

'생각하기'는 소주제 내용을 학습하기에 앞서 해당 주제에 대해 경험한 것이나 알고 있는 것 등에 대해 생각을 해보는 과정이다. 또는 한국에서 생활하면서 주제와 관련된 이야기를 해보게 하는 것도 한 방법이다. 가능한 이 시간을 학습자에게 충분할 정도로 노출시켜 앞으로 학습할 내용에 대해 학습자가 미리 인지할 수 있게 하면 좋을 것이다.

'상황회화'는 '생각하기'를 통해 학습자가 학습할 주제에 대해 인식한 후, 본문에서 배울 여러 가지 내용들을 대화를 통해 집약적으로 제시하는 부분이다. 정규과정의 한국어 회화 형식을 취하고 있지만 일반적인 대화의 형식이 아닌 만큼 다양한 회화의 가능성을 열어 놓아야 한다.

'본문'은 해당 주제와 관련한 여러 가지의 내용, 약 2내지 5가지 정도의 정보들로 이루어져 있다. 대부분 '읽기' 자료로 활용할 수 있으며, 경우에 따라 직접 체험 등의 교실 밖 활동으로 이어질 수도 있을 것이다. 또는 공부한 내용들에 대해 느낌이나 자국 문화와의 비교 및 대조 등의 '말하기' 활동도 가능하리라 본다.

'읽기(심화) 자료' 부분은 본문의 학습 중 그와 관련있는 내용으로 구성되어 있으며 대부분 한국인의 생활 속에 내재되어 있거나 외국인들의 한국생활에 실질적인 도움이 되는 정보 등을 담고 있다. 학습과 실생활의 활용 두 측면을 고려한 것이다.

'연습·활용'은 본문과 읽기(심화)에 나오거나 관련된 단어의 의미를 생각해보고, 학습자들의 내용 이해 능력을 평가할 수 있다. 이 과정을 통해 본문의 내용을 재확인할 수 있으며, 배운 내용과 관련한 장소를 찾아보고 느낌을 정리할 수 있다.

▎차례

● 민족의 영산, 백두산

● 민족의 젖줄, 한강

한국의 산하

• 한라산 철쭉(봄)

• 제주도 바다(여름)

• 산사의 단풍(가을)

• 고사목의 설경(겨울)

• 삼성중공업(거제도) 전경

• 동해의 일출

1부 한국의 과거와 현재

01 한국의 건국

○ 이곳은 어디이며, 무엇을 하는 곳일까요?

┃ 마니산 정상 ┃

┃ 참성대 ┃

▒ 학습 내용 ▒

　한국의 기원과 관련한 이야기가 있듯이 나라마다 건국 관련의 이야기를 통해 건국의 시조와 민족 탄생의 과정을 신성시하고 있습니다.

◆ 한민족의 기원에 대해 이해할 수 있다.

◆ 한국의 건국(단군신화)과 관련한 이야기를 이해할 수 있다.

◆ 한민족에게 있어 호랑이의 상징적 의미를 이해할 수 있다.

① 상황회화

A : 마이클 씨, 한국의 건국신화를 아세요?

B : □□□□예요.

A : 네, 맞아요. 그럼 이 이야기 속 등장인물이 누군지도 아세요?

B : 단군, 호랑이, 곰이 나오는 이야기인데, 사실성이 좀 떨어져요.

A : 그것이 신화예요. 사실의 진위는 확인할 수 없지만 한국 사람들은 그 이야기를 믿고 따르죠. 이 외에도 고구려, 백제, 신라, 가야와 관련된 이야기도 있어요.

B : 그 중에 단군과 관련된 유적지는 없나요?

A : 있지요. 지금의 강화도에는 마니산이 있는데, 그 정상에는 단군이 하늘에 제사를 올리던 참성단이 있어요.

B : 그런데 선생님, 올해가 2010년인데 단기 4343년은 뭐예요?

A : 단군이 고조선을 건국한 B.C. 2333년 이후로 계산한 거예요.

② 한민족의 태동

지금으로부터 300만 년 전 인류가 출현한 후, 한반도에 사람이 살기 시작한 것은 약 70만 년 전의 일이다. 이 시기는 구석기 시대로 한반도 여러 곳에서 이들의 흔적을 확인할 수 있다.

그러나 오늘날 한국 민족은 B.C. 8000년경 신석기 시대에서 청동기 시대를 거치는 과정에서 형성되었으며, 그 최초의 국가가 바로 고조선이다.

한국 최초의 국가인 고조선은, B.C. 2333년 10월 3일에 개국하였는데, 오늘날에도 10월 3일을 개천절이라 하여 국경일로 기념하고 있다. 단군이 세운 고조선의 건국 이념은 "홍익인간"으로, 이는 "인간을 널리 이롭게 하라."는 뜻이다.

대한민국의 건국에 관한 이야기는 단군신화에 기록되어 전해오는데, 단군신화는 민족의 시조인 단군의 탄생 및 고조선의 건국을 알려주고 있다.

┃ 석기 시대의 주먹도끼 ┃
국립중앙박물관 201007-265

┃ 청동기 시대의 요령식 동검 ┃
국립중앙박물관 201007-265

③ 한국의 건국 신화

한국의 건국신화인 단군신화는 한민족의 시조신화로 고조선 성립의 역사적 사실을 반영하고 있다. 신화의 내용과 그 속에 반영되어 있는 한국 민족의 삶과 사상에 대해 알아보자.

❶ 단군신화의 내용

옛날에 하늘의 임금인 환인의 아들 환웅은 인간 세상을 다스리기를 원했다. 환인은 아들의 뜻을 알고, 환웅에게 지상세계로 내려가서 인간 세계를 널리 이롭게 다스리게 하였다.

환웅은 무리 삼천 명을 거느리고, 태백산 꼭대기에 있는 신단수 아래로 내려왔다. 환웅은 바람, 비, 구름의 신과 함께 곡식, 수명, 질병, 형벌, 선악 등을 주관하면서, 인간의 삼백 예순 가지나 되는 일을 맡아 인간 세계를 다스리고 교화시켰다.

때마침, 곰 한 마리와 호랑이 한 마리가 환웅을 찾아 와 사람이 되고 싶다고 청했다. 환웅은 이들에게 신령한 쑥과 마늘을 주면서 "이것을 먹고 백 일 동안 햇빛을 보지 않는다면 사람이 될 수 있다"고 하였다.

이에 곰과 호랑이는 동굴에 들어가 쑥과 마늘을 먹으며 지냈다. 그러나 호랑이는 백일을 견디지 못하고 굴을 나갔고 곰은 정해진 시간을 잘 견뎌 여자의 몸인 웅녀가 되었다. 그러나 사람이 된 웅녀는 자기와 결혼할 사람이 없는 것을 슬퍼하였다. 이에 환웅이 웅녀와 결혼해서 아들을 낳게 되는데, 그가 바로 단군이다.

19

❷ 단군신화의 사상

▌ 단군성전 ▌

단군신화는 건국신화로서의 가치뿐만 아니라 한민족의 기본적인 사상을 포함한다는 점에서도 그 의의가 크다.

✔ 인간 중심적 사상

환웅이 널리 인간 세상을 이롭게 하려고 지상으로 내려왔다는 내용에서 확인할 수 있다.

✔ 산신 숭배(산악 숭배) 사상

환웅이 태백산(오늘날 백두산) 신단수 아래로 내려왔다는 데서 확인할 수 있다.

✔ 농경 사회를 중시하는 사상

환웅이 비, 바람, 구름의 신을 관장했다는 데서 확인할 수 있다.

✔ 동물 숭배 사상(토테미즘)

곰이 웅녀가 되었다거나, 환웅과 혼인하여 단군을 낳았다는 사실에서 확인할 수 있다.

❸ 단군신화와 삼국유사

▌ 김부식의 『삼국사기』 ▌

과거 전통사회의 정치와 문화에 대한 기록물이 많지 않은 가운데 단군신화의 내용과 삼국시대의 모습을 확인할 수 있는 자료로 삼국사기와 삼국유사가 있다.

삼국사기는 고구려, 백제, 신라가 처음으로 나라를 세우고 발전한 사실과 마지막 멸망할 때까지의 이야기를

기록한 것으로, 지은이 김부식이 유학자인 탓에
불교나 무속신앙에 대한 기록은 보이지 않는다.

삼국유사는 작가가 승려, 일연인 관계로 불교
이야기를 많이 적었으며, 역사보다는 신기하고 기
이한 내용의 설화를 많이 담고 있다. '단군'의 기
록도 이 책에서 처음 다루고 있다.

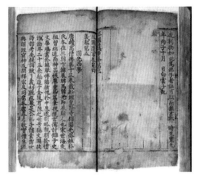

┃일연의 『삼국유사』┃

• 민족성과 호랑이

한민족의 강인하고 용맹한 정신을 호
랑이에 자주 비유하곤 했다. 특히 우리
가 거주하고 있는 한반도의 모습이 마
치 호랑이의 모습과 닮았다 한 적도 있
었다. 호랑이는 문학작품(사납고 무서
운 호랑이, 어리석은 호랑이, 신앙 대
상의 호랑이, 정과 의리의 호랑이 등
여러 가지 모습으로 등장)이며 그림이
나 민화 등과 같은 예술작품에서도 널
리 사용되는 소재이다. 또한 88년 서
울올림픽에서 호랑이(호돌이, 호순
이)를 마스코트로 사용했었다.

┃88 서울올림픽 호돌이┃

21

※ 단어 학습 ※

① 보기 단어의 뜻풀이로 적당한 것을 찾아 이으시오.

기원 신화 진위 단기 국경일 교화 민화

(1) 기원   • 사물이 처음으로 생김. 또는 그런 근원.

(2) 신화   • 실용을 목적으로 무명인이 그렸던 그림.

(3) 진위   • 고대인의 사유나 표상이 반영된 신성한 이야기.

(4) 단기   • 나라의 경사를 기념하여, 국가에서 법률로 정한 경축일.

(5) 국경일   • 참과 거짓 또는 진짜와 가짜를 통틀어 이르는 말.

(6) 교화   • 가르치고 이끌어서 좋은 방향으로 나아가게 함.

(7) 민화   • 단군기원.

② 보기에서 빈 칸에 들어갈 단어를 찾아 쓰시오.

신성 자긍심 유적지 개국 이롭다 신단수 널리

(1) 1988년 서울올림픽과 2002년 한·일 월드컵으로 한국은 세계에 (　　) 알려졌다.

(2) 단군신화에서 환웅이 처음 하늘에서 내려온 신성한 나무를 (　　)(이)라 한다.

(3) 우리는 대한민국이 단일민족이라는 (　　)을/를 지니고 있다.

(4) 고구려, 백제, 신라는 각각 유리왕, 온조왕, 박혁거세와 관련한 (　　)신화가 전해 온다.

(5) 삼국을 통일한 신라의 수도는 경주이다. 그러므로 경주에는 신라의 옛 문화를 알 수 있는 많은 (　　)이/가 있다.

(6) 단군신화는 한국 민족의 (　　)한 이야기를 기록한 것이다.

(7) 공자는 "(　　) 친구는 직언을 아끼지 않고 언행에 거짓이 없으며, 지식을 앞세우지 않는 벗이고, 해로운 친구는 허식이 많고 속이 비었으며 외모 치례만 하고 마음이 컴컴하며, 말이 많은 자이다."고 하였다.

▓ 내용 확인 ▓

1 다음의 질문에 알맞은 내용을 찾아 쓰시오.

   (1) '홍익인간'의 의미를 설명하시오

   (2) 단군신화에 나타난 기본 사상 4가지를 설명하시오

   (3) 개천절은 언제이며 그 의미가 무엇인지 설명하시오

2 다음을 읽고 내용과 일치하면 ○, 아니면 ×, 모르면 △ 표를 하시오.

   (1) 한국 최초의 국가는 고구려이다. (   )

   (2) 단군신화는 단군의 탄생을 알려주는 이야기이다. (   )

   (3) 단군신화의 내용 중에는 호랑이가 쑥과 마늘을 먹고 하루 만에 사람으로 변한
       다. (   )

   (4) 한민족은 강인하고 용맹한 호랑이를 좋아한다. (   )

   (5) 단군신화의 내용은 일연이 지은 삼국유사에 전해 내려온다. (   )

3 아래 등장인물들의 관계도를 보고 단군신화의 이야기를 구성해 보자.

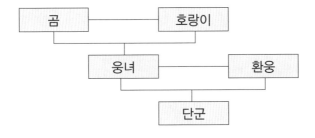

※ 활 용 ※

① 여러분 나라의 건국과 관련한 신화나 이야기가 있으면 써 보세요.

② 호랑이와 관련한 이야기(부록편) 중 한 편을 읽고 그 내용을 요약해 보세요.

02 건국 이후의 역사

○ 고조선의 건국 이후 한국의 영토는 어떤 변화를 겪었을까요?

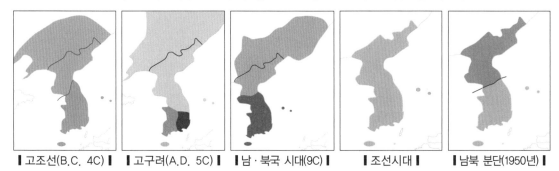

┃고조선(B.C. 4C)┃ ┃고구려(A.D. 5C)┃ ┃남·북국 시대(9C)┃ ┃조선시대┃ ┃남북 분단(1950년)┃

※ 학습 내용 ※

　　고조선 건국 이후, 한국은 정치적 발전 과정을 거쳐 근대적 국가의 면모를 갖추었으며, 그 힘은 바로 한민족의 은근과 끈기, 단결력이었다.

◆ 건국 이후 한국의 역사적 발전과정을 이해할 수 있다.
◆ 이민족 침입과 관련한 한민족의 저항과 단결정신을 이해할 수 있다.
◆ 8·15 광복 후 남과 북의 성립 및 한국전쟁의 내용을 이해할 수 있다.
◆ 한국전쟁 후 한국의 민주화 과정에 대해 이해할 수 있다.

① 상황회화

A : 마이클 씨, 고조선 이후의 한국사에 대해서 아는 것이 있어요?

B : 자세히는 몰라요.

A : 고조선의 멸망 후 한반도는 □□□, □□, □□의 삼국시대를 거쳐 통일신라시대와 고려시대로 이어지고 마지막 왕조인 □□시대로 넘어왔어요.

B : 그럼 한국이라는 명칭은 언제부터 사용하게 되었나요?

A : 그건 1897년이에요. 그 전부터 서양 여러 나라에서는 동양의 나라들을 식민지화 하려는 제국주의 정책에 따라 자주 침범했으며 그러한 가운데 조선도 서구의 문화를 받아들일 수밖에 없었죠.

B : 그러니까 이 시기는 전통적인 왕조 시대를 뒤로 하고 서양의 근대식 문화 등이 들어오면서 조선이 근대화를 시작하는 시기였군요.

② 한국의 고·중·근대사

청동기 문화의 고조선 건국 이후, 철기 문화를 기반으로 한 부여, 동예, 옥저, 마한, 변한, 진한 등의 여러 부족들이 연맹국가를 형성하다가 오늘날 고구려, 백제, 신라의 삼국시대로 발전하게 된다. 그 뒤를 통일신라와 고려, 그리고 소선이 잇게 된다.

● 고대국가(삼국, 통일신라시대)

▌온조(백제의 시조)의 사당인 숭렬전(1) ▌

고조선의 뒤를 이은 삼국은 그들의 영토를 보존하기 위해 때로는 힘을 합치고 때로는 경쟁을 하면서 서로 발전을 하게 된다.

고구려는 부여의 유이민과 압록강 유역의 토착민이 중심

이 되어 오늘날 평양을 주축으로 한 북부지역에 위치하고
있었으며 광개토대왕과 장수왕 때 전성기를 맞이하게 되
었다. 마한의 백제는 북방 유이민과 한강 유역 토착민들이
한강 유역에서부터 오늘날 충청도와 전라도 지역을 기반
으로 성장하면서 근초고왕 때 전성기를 맞는다. 그리고 진
한의 신라는 토착 세력 중심으로 오늘날 경상도와 강원도

■ 숭렬전(2) 측면 ■

를 터전으로 삼아 변한의 가야를 병합하여 발전하게 되는데, 진흥왕 때 전성기를
맞이하게 된다.

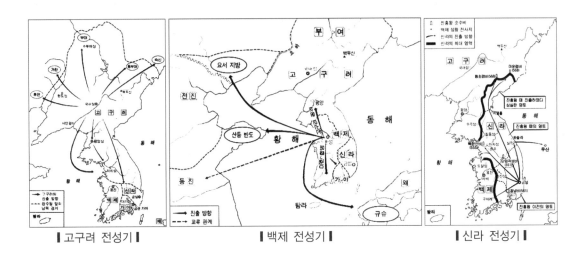

■ 고구려 전성기 ■　　　　■ 백제 전성기 ■　　　　■ 신라 전성기 ■

B.C.
2333 　—　 단군, 고조선 건국
108 　—　 고조선 멸망
57 　—　 신라 건국
37 　—　 고구려 건국
18 　—　 백제 건국

27

삼국은 각국의 영토와 세력 확장을 위해 투쟁을 벌였으나 이웃한 중국(당나라)과 손을 잡은 신라가 고구려와 백제를 멸망시킨 후 나·당 전쟁을 통해 당의 세력을 축출하고 자주적 통일을 이루면서 민족문화 발전의 기틀을 마련하게 되었다. 다만 외세의 도움을 받아 통일을 이루었다는 점과 대동강 이남의 통일에 그쳤다는 한계점이 아쉬움으로 남는다.

▎석촌동 백제초기 적석총 ▎

▎방이동 백제고분군 ▎

❷ 중세국가(고려시대)

신라의 삼국 통일 과정에서 옛 고구려의 유민들은 당과의 투쟁을 통해 고구려의 부흥운동을 일으켜 698년 발해를 건국하여, 옛 고조선 영토를 회복하게 된다. 그리하여 남쪽은 신라, 북쪽은 발해에 의한 남북국 시대가 개막되기에 이른다.

▎숲에서 닭이 울었다는 계림(신라) ▎

▎경주 읍성의 모습 ▎

한편, 통일신라 말기에 토착적 지방 세력과 지방에 내려간 중앙귀족들이 반독립 세력을 형성하면서 후백제, 후고구려의 후삼국시대로 나누어지게 된다. 이때 후고구려의 왕건은 발해의 멸망으로 갈 곳 없는 유민들을 포섭하면서 민족의 재통일을 이루고 국호를 고려라 하였다.

삼국시대의 불교와 달리 고려는 유교를 국교로 정하면서 왕권의 강화에 노력하여 점차 안정적인 국정을 운영할 수 있었으며, 초기의 거란족, 중기의 여진족과의 싸움을 통해 우리 민족의 힘을 과시할 수 있었다. 그러나 고려말 몽골의 침입은 뼈아픈 역사로 남게 된다.

▮삼국통일을 이끈 김유신 장군 묘▮　　　　▮묘비▮

A.D.				
			660	- 백제 멸망
			668	- 고구려 멸망
		676	- 신라 삼국통일	
	698	- 발해 건국		
892	- 후백제			
	901	- 후고구려		
	918	- 고려		
		926	- 발해 멸망	
			935	- 통일신라 멸망
			936	- 후삼국 통일

❸ 근대국가(조선시대)

고려말 외세의 잦은 침입과 크고 작은 국내의 반란 등으로 집권층의 정치적 무능이 이어졌다. 여기에 외세의 격퇴 과정에서 새로이 성장한 신흥 무인 세력의 등장으로 조선이 건국하기에 이른다.

조선은 건국 후 수도를 한양으로 옮기고, 왕권 강화와 중앙집권적 제도를 통해 어수선한 정국을 정비했다. 또한 교육의 기회를 확대하고, 민족의 자각과 국민 생활에 기여하는 기술문화를 진작시킴으로써 민족문화의 확고한 기반을 마련하는데 힘을 쏟는다. 후기에 들어서는 전기와 달리 봉건적 신분사회의 구조가 서서히 붕괴되고, 자본을 기초로 한 경제구조의 변화, 실학과 천주교, 동학 등의 사회 개혁, 평등사회를 지향하는 진정한 근대사회로의 변화를 겪게 된다.

▌경복궁의 정전인 근정전▌

▌정전(궁궐에서 조회를 행하던 건물) 내부▌

▌창덕궁의 정전인 인정전▌

1392 ― 고려 멸망. 조선 건국
1396 ― 한양천도
1592 ― 임진왜란
1897 ― 대한제국

③ 한민족의 대표적 전쟁사

한민족은 국내의 정치 경쟁을 통해 세력을 키웠다. 이웃 나라의 침입에는 온 국민이 하나 되어 나라를 지켜내기도 했지만, 나라의 주권을 빼앗기는 아픈 과거도 간직하고 있다.

❶ 강화도와 전쟁사

강화도는 한국의 전쟁사에 있어 특별한 곳이다. 고려시대에는 몽골의 침략, 그리고 조선시대에는 프랑스 및 미국에 맞서 싸웠던 곳이다.

고려는 거란의 침입에 몽골의 도움을 받게 된다. 이에 몽골은 고려에 무리한 대가를 요구했다. 고려가 이를 거절하고 마침 고려에 왔던 몽골의 사신이 피살되자 몽골군의 침입(1231년)이 시작되었다.

그 후 1270년 몽골과 강화를 맺기까지 40여년의 항쟁의 역사가 이어진다. 이 기간 고려에서는 일반백성, 승려, 노비 등이 몽골과 대항했으며, 부처의 힘으로 몽골군을 물리치기 위해 팔만대장경을 만들기 시작했다.

강화도 곳곳에 몽골군과 싸웠던 돈대와 보, 진 등이 보존되어 있다. 또한 이곳은 몽골의 침입을 피해 개경에서 천도한 후 다시 개경으로 천도한 1270년까지 40년 간 고려의 수도 역할을 했다. 현재 이곳이 고려의 궁궐이었다는 것을 알리는 터만 남아 있다.

▌강화역사관▌

▌갑곶돈대의 대포▌

▌고려 궁궐터▌

❚ 외규장각 ❚

강화도가 프랑스군의 공격을 받은 것은 1866년이다. 당시 조선의 대원군은 서구와의 교류는 물론 새로운 문물마저도 배척하면서 천주교도들에 대한 학살과 탄압을 하였다. 이에 대항하여 프랑스군이 침략한 것이 병인양요로, 몇 달 안에 프랑스군이 철군을 했지만 조선의 피해도 상당했다. 특히 외규장각에 보관 중이던 서적뿐만 아니라 보물, 무기 등을 프랑스가 약탈해 갔는데, 그러한 자료들이 한국과 동양을 연구하는 중요한 자료가 되었다. 그러나 선조들의 문화재를 당연히 한국인이 보존해야 한다는 생각에 정부 차원이나 민간 차원에서 이를 반환받기 위해 여러모로 노력을 하고 있다.

다음으로 미군의 강화도 침략 시기는 1871년이다. 1866년 미군 선박의 통상요구에 평양 주민들이 반대를 하자, 미군이 무력을 행사했으며 이에 미군의 선박을 침몰시킨 것에 대한 보복으로 침략을 했다. 당시 조선은 초지진과 광성보를 중심으로 대항했으며 미군은 조선의 개항의지가 없음을 알고는 철수하게 된다.

❷ 일본의 침입(임진왜란)

한국은 오늘날까지 일본으로부터 두 번의 큰 침입을 받았는데, 그 중 첫 번째가 조선시대의 임진왜란이었다. 임진왜란은 일본을 통일한 도요토미 히데요시의 침략으로 1592년부터 1597년까지 7년 간에 걸친 전쟁이었다.

임진왜란이 날 무렵, 남해안 일대는 일본의 잦은 침입을 받았는데, 조정은 이에 대한 적절한 대응책도 마련하지 못하고 당파 싸움(일본의 정세에 대해 자기들에게 유리한 해석을 하여 서로 상반된 의견을 주장)에만 치중했으며, 오직 명과의 친선만으로 모든 외교문제를 해결하려 했다. 이러한 시기에 일본을 통일한 도요토미의

┃ 명량대첩 탑 ┃

┃ 격전지 우수영 울돌목 전경 ┃

┃ 행주대첩의 부녀자 ┃

세력 확장 정책이 임진왜란의 시발점이 된 것이다.

1592년 부산진과 동래를 습격하고 쳐들어 온 일본은 그 후 파죽지세로 충주, 한양, 함경도 일대까지 진출하게 되었으며, 이로 인해 선조가 평양으로 몸을 피하게 되자 민심은 더더욱 혼란에 빠지게 되었다.

당초 일본의 계획은 육로확보와 해상에서의 물자지원을 받으며 명으로 향하려는 것이었다. 그러나 육지에서의 승리와는 달리 해전에서는 조선의 수군과 이순신 장군에 의해 철저하게 차단당하게 되었으며 이로 인해 승기가 바뀌게 되었다. 1597년 8월 도요토미가 죽자 일본군은 후퇴할 수밖에 없었으며 후퇴하는 적과의 마지막 전투인 노량대첩에서 이순신 장군은 최후를 맞게 된다.

한편, 조정과 일부 군인들마저 도망을 치는

┃ 이순신 장군 영정 ┃

33

상황 속에서도 일반 백성과 노비 및 승려들은 오히려 목숨을 내놓고 나라를 지키기에 여념이 없었다. 나라가 어려울 때마다 온 국민이 힘을 모아 슬기롭게 대처해 나가는 한국 국민의 애국정신을 확인할 수 있는 것이다.

그러나 이렇게 많은 희생을 감수하며 일본의 침략으로부터 지켜냈던 나라는 1910년 일본의 식민지라는 민족 역사의 가장 부끄러운 순간을 맞이하게 되었다.

1	2	3
4	5	6

1. 행주산성 권율 장군 동상　　2. 거북선 모형　　3. 행주대첩 비각과 비
4. 남한산성 남문　　5. 남한산성 동문　　6. 남한산성 지수당(정자)

❸ 청나라의 침입(병자호란)

몽골과 일본의 침략을 겪은 한국 민족에게 가장 뼈아픈 이민족 침략의 역사가 바로 병자호란이다. 불과 전쟁 시작 두 달 만에 조선의 임금이 항복을 선언했기 때문이다.

당시 중국의 명은 세력이 크게 위축된 상황에서 금의 침입을 받자 조선에 원군을 요청했다. 그러나 조선 광해군은 출군은 하되 전쟁이 일어날 때에는 곧바로 항복해 출병의 이유를 설명해 피해를 막는다는 실리외교를 펼쳤다.

한편 실리외교의 광해군이 폐위되고 인조가 임금이 되면서 조선의 외교노선은 금과의 대립으로 흘렀으며 이에 금은 조선을 공격하여(정묘호란) 조선과의 '형제지의'를 맺게 되었다.

그러나 이 후 금은 조선에 대해 '군신지의'의 관계를 요구하게 되고 이에 조선에서는 이 기회에 금을 공격해 임진왜란에 도움을 준 명에 대한 은혜를 갚아야 한다는 척화론이 대두되게 이른다. 후금은 국호를 청으로 바꾸어 1636년 12월 조선을 침략하였고, 남한산성으로 피해 항거하던 인조는 삼전도에서 항복을 한다. 이로 인

▌수어장대, 군사를 지휘하던 곳 ▌

해 두 달 간의 병자호란은 청의 승리로 끝나며 소현세자와 봉림대군의 두 왕자를 청에 포로로 보내게 된다.

병자호란과 남한산성 그리고 삼전도비

청의 침입으로 한양에서 남한산성으로 피신한 인조는 두 달여 간의 저항을 해 보았지만 결국 실패하게 된다. 인조는 남한산성에서 내려와 오늘날 삼전동에 해당하는 곳에서 청 태종에게 세 번 절하고 머리를 아홉 번 조아리는 항복의식을 행하게 되었다. 이를 기념해 청이 만든 것이 '삼전도비'이다. 그 이후 국가의 치욕이라는 생각에 이 비를 여러 번 땅에 묻었다가 이를 교훈의 계기로 삼자는 생각에서 다시 모습이 드러났다.

▌삼전도비 ▌

▌군사들의 훈련 장소인 연무대 ▌

④ 한국의 근·현대사

광복 후 한민족은 남과 북으로 갈라졌으며 급기야 한국전쟁으로 동족 간에 씻을 수 없는 아픔을 지니게 되었다. 북한과 달리 자유민주주의 정치 제도를 채택한 남한은 여러 시행착오를 거쳐 현재와 같은 정치 발전을 이루게 되었으며 그 중에는 국민들의 끊임없는 민주화 요구가 중요한 역할을 하였다.

❶ 근·현대사

▌안중근 의사의 동상 ▌

1910년에 한민족은 주권을 빼앗기고 36년간 일본의 지배를 받게 되었다. 한민족은 36년 동안 끊임없이 독립투쟁을 벌였으며, 1945년 8월 15일 일본의 2차 세계대전 패망으로 광복을 맞이했다.

일본이 패망하자, 미·소 양국은 1945년 9월 2일, 북위 38도선을 경계로 하여 한반도를 남과 북으로 분할하여 점령하게 되었다.

1945년 12월 16일, 모스크바 3상회의(미국－영국－소련)가 열렸는데, 주제는 한반도의 신탁통치였다. 이에 남한은 반대를 하였으나, 북한은 찬성을 하여 민족 간의 갈등이 심화되었다.

수 차례 남·북이 통일 협상을 했음에도 불구하고, 민족 간의 의견 일치를 이루지 못하였다. 그 결과 1948년 8월 15일 남한에서는 "대한민국정부"가 수립되었으며, 같은 해 9월 9일 북한에서는 "조선민주주의인민공화국"이 수립되었다.

항일독립투쟁과 서대문형무소

1910년 한일합방이 되면서 1945년 광복이 되기까지 잃어버린 주권을 찾기 위한 한국 민족의 일본을 향한 싸움을 '항일독립투쟁'이라고 한다. 1909년 안중근 의사를 비롯하여, 1919년 3월 1일의 유관순 열사, 1920년대 김좌진 장군, 1930년대의 이봉창과 윤봉길 의사 등이 대표적이다. 그리고 이 분들을 포함한 독립투사에 대한 일제의 악랄한 만행은 오늘날 서대문형무소에 그대로 보전되어 있다.

▍서대문형무소 ▍

1950년 6월 25일 새벽, 북한 김일성이 남한을 침범함으로써 한국전쟁이 시작되었고, 1953년 7월 27일 판문점에서 휴전을 하였다. 한국은 한국전쟁 이후, 38선을 중심으로 남쪽과 북쪽으로 나누어져 있다.

한국전쟁과 DMZ

전쟁 후, 휴전을 한 남과 북이 군사적 직접 충돌을 방지하고자 하는 목적으로 설정한 것이 비무장지대(DMZ)이며, 휴전선인 38선을 기준으로 남과 북쪽의 각각 2㎞, 총 4㎞의 폭으로 설정되어 있다. 그러나 휴전선 기준 20㎞까지도 사전 허락 없는 민간인의 출입을 통제하고, 역사, 안보교육 목적의 단체관광만 가능하다. 그 대표적인 곳이 판문점이다.

▍DMZ 영상관 ▍

오랜 기간 동안 인간의 접근이 허용되지 않았던 만큼 현재 이 곳 비무장지대에는 국제적 멸종위기종과 천연기념물 그리고 희귀종 및 법정보호종이 서식하고 있는 것으로 조사되었다. 또한 이곳에서 발견된 습지는 국내 최대 내륙 습지로 알려진 경남 창녕 우포늪의 2배에 이르는 규모로 생태계의 보물창고로 평가받고 있다.

남쪽은 '대한민국'이며 남한 사람들은 '한국'이라고 줄여 말한다. 북쪽은 '조선민주주의인민공화국'을 '조선'이라고 한다. 그러나 세계인들은 '남한'(south korea)과 '북한'(north korea)으로 알며 명명하고 있다.

▌'하나되는 지구' 조각상 ▌

▌DMZ 근무 모형 ▌

1910	—	한일합방
1945	—	8 · 15 해방
1950	—	6 · 25 전쟁
1953	—	휴전 협정

❷ 현대 정치사

4 · 19 민주 혁명

▌4 · 19 기념탑 ▌

1948년 초대 대통령이 된 이승만은 이후 2대 대통령에 당선된 후 '대통령의 중임 제한 철폐' 개헌안을 통과시키고 3대 대통령이 되었으며, 1960년 부정선거를 치러 또다시 대통령에 당선되게 되었다.

이에 같은 해 4월 19일 대학생을 중심으로 정의와 민주주의를 위한 투쟁이 시작되었다. 한국 정치발전의 획기적인 전환점인 4 · 19는 어떠한 정치목적도 가지지 않은 순수한 청년학생들이 불의에 항거하며 벌인 운동인 것이다. 이를 '의거'라 하는 이유도 바로 여기에 있다.

1948년 8월 15일 대한민국 정부가 수립되면서 이승만이 초대 대통령이 되었다. 그러나 혼란한 국내 상황과 6·25 전쟁으로 인해 사회의 갈등이 심하였다. 이 때, 이승만은 장기집권의 독재를 시도하다가 국민들의 4·19 민주 혁명(1960년)으로 대통령 자리에서 물러나게 되었다.

5·18 광주 민주화 운동

박정희 대통령의 서거 후 전두환의 신군부세력은 전국에 비상계엄령을 선포하고 정권을 창출하게 되었다. 이에 1980년 5월 18일 전라남도와 광주의 학생과 시민들이 민주화 운동을 전개하게 되었지만, 군의 무력진압에 실패로 끝나게 된다. 그러나 이 운동은 이후 국민들의 민주화 요구에 불을 붙이게 된다.

1961년 5월 16일 박정희는 군대를 동원하여 정권을 인수하였고, 1963년 대통령이 되었다. 대통령이 된 박정희는 헌법을 고쳐 18년 동안 장기집권과 독재를 하게 되었고, 1979년 10월 26일 죽음을 맞이했다. 그러나 박정희는 대한민국의 근대화를 위해 경제를 급속히 발전시켰으며, 그로 인해 오늘날 현대산업사회의 기초를 마련하였다.

6월 민주항쟁

5·18 민주화 항쟁 후 거듭된 국민의 민주화 요구는 전두환 정권의 민주화 억압과 맞물려 1987년 6월 전국적인 민주화 요구로 발전하게 되었다. 이러한 국민들의 요구에 당시 민정당 노태우 대통령 후보가 직선제 개헌과 평화적 정부이양, 대통령 선거법 개정 등의 6·29 선언을 하게 되었다.

1981년 전두환은 군사혁명을 통해 대통령이 되었지만 6년의 임기로 대통령에서 물러났다.

1987년 노태우는 6월 항쟁의 요구로 국민들이 직접 뽑은 첫 대통령이 되었다. 그 다음 해인 1988년에는 제24회 서울올림픽 대회를 성공적으로 끝마쳤다.

1993년 대통령에 당선된 김영삼은 군부에 의한 정치를 끝내고 '문민정부'를 내세우는 정책을 시행하였다. 그러나 경제 운영의 실패로 IMF라는 어려운 시기를 맞이하게 되었다.

1998년 김대중은 4번째 대통령 선거에 나와 처음으로 대통령이 되었다. '국민의 정부'를 내세웠으며, 특히 민주화와 남·북 간의 화해 분위기 조성에 많은 노력을 기울여 노벨평화상을 수상하였다. 그리고 IMF 외환위기를 빠른 시일 안에 극복하였다.

2003년 노무현은 국민의 정부의 정책 노선을 이어 대북정책에 많은 힘을 쏟았다. 한편, 시민사회의 정책 참여가 폭넓게 이루어져 '참여정부'라고도 불리었지만 어려운 서민 경제와 잘못된 언론 정책으로 인한 비판을 받기도 했다.

2008년 이명박은 지난 두 번의 대통령 선거에서 참패한 야당의 후보자로서 새로이 대통령으로 당선되었다. 전통적인 우방 국가인 미국을 중심으로 외교 강화에 힘쓰는 한편 과거에 얽매이지 않고 주변 국가들과도 활발한 외교 활동을 펼치며 어려워진 경제 살리기의 대명사로서 국민들의 높은 기대를 받았다.

❈ 단어 학습 ❈

1. 단어들의 의미를 바탕으로, 아래 빈 칸에 적당한 단어를 쓰시오.

변 천 사 : 시간의 흐름에 따라 바뀌어 변한 역사.
멸　　망 : 망하여 없어짐.
서　　구 : 서유럽 지역의 모습을 닮거나 그런 특징을 지닌 것.
유　　역 : 강물이 흐르는 언저리.
세　　력 : 권력이나 기세의 힘.
대몽항쟁 : 고려의 대몽항쟁은 고려가 몽골에 맞서 싸운 전쟁을 일컫는다.
배　　척 : 따돌리거나 거부하여 밀어 내침.

(1) 욱하는 성격 때문에 늘 따돌림이나 (　　　)을/를 당한다.

(2) 고려의 마지막 (　　　) 장소는 제주도였다.

(3) 영국과 러시아의 (　　　) 다툼 속에서 아프가니스탄을 독립시켰다.

(4) (　　　) 열강은 식민지를 개척하여 무역의 독점권을 쥐었다.

(5) 고구려와 백제는 모두 신라에게 (　　　)하였다.

탄　　압 : 권력이나 무력 따위로 억지로 눌러 꼼짝 못하게 함.
통　　상 : 나라들 사이에 서로 물품을 사고팖. 또는 그런 관계.
잦　　다 : 여러 차례로 거듭되는 간격이 매우 짧다.
승　　기 : 기회를 탐.
식민지 : 본국(本國) 밖에 있으면서 본국의 특수한 지배를 받는 지역.
원　　군 : 전투에서 자기편을 도와주는 군대.

(6) 친일파는 일제 강점기에 일제와 야합하여 그들의 (　　　) 정책을 옹호했다.

(7) 외교 관계를 유지하기 위하여 미국 국민의 (　　　)을/를 허가했다.

(8) 상대 선수가 방심한 틈을 타 결정적인 (　　　)을/를 잡았다.

(9) 그들 둘은 항상 싸움이 (   ).

(10) 전투가 시작되자 (   )이/가 앞으로 돌격했다.

2. (   ) 안에 들어갈 알맞은 단어를 보기에서 찾아 쓰시오.

패망 합방 만행 초대 혁명 의거 헌법 군부 참패 얽매이다

(1) (   ) : 싸움에 져서 망함.

(2) (   ) : 싸움이나 경기 따위에서 참혹할 만큼 크게 패배하거나 실패함.

(3) (   )은/는 국가의 최고 법률이다.

(4) 이승만 대통령은 한국의 (   ) 대통령이다.

(5) (   ) : 둘 이상의 나라가 하나로 합침. 또는 그렇게 만듦.

(6) 4·19혁명은 이승만 자유당 정권의 부정선거에 대한 항의에서 시작된 (   )(이)다.

3. 단어들의 의미를 바탕으로, 아래 빈 칸에 적당한 단어를 쓰시오.

조상 : 돌아간 어버이 위로 대대의 어른.
침범 : 남의 영토나 권리, 재산, 신분 따위를 침노하여 해를 끼침.
아우르다 : 여럿을 모아 한 덩어리나 한 판이 되게 하다.
터 전 : 집터가 되는 땅.
집 권 : 권력을 한군데로 모음.
학 살 : 가혹하게 마구 죽임.

(1) 간척 사업이 후손에게 복된 (   )을/를 물려줄 수 있을지에 대해 논란이 있다.

(2) 트럭이 중앙선을 (   )하여 마주오던 차와 사고가 나 많은 인명 피해가 발생했다.

(3) 좌파 정치인의 대통령 (   ) 이후 미국과 불편한 관계를 지속해 왔다.

(4) LG전자 쿠키폰의 디자인은 모든 연령을 (   )은/는 인기를 끌었다.

(5) 최근 한국인의 (   )이/가 동남아시아에서 왔다는 결과가 보도되었다.

경계 : 사물이 어떠한 기준에 의하여 분간되는 한계.
신탁통치 : 자치 능력이 결여되는 지역을 잠정적으로 위임 통치함.
항거 : 순종하지 아니하고 맞서서 반항함.
비상계엄령 : 국가 비상시 국가 안녕과 공공질서 유지를 위해 헌법 일부의 효력을
　　　　　　 일시 중지하고 군사권을 발동하여 치안을 유지할 수 있도록 함.
폭넓게 : 어떤 일의 범위나 영역이 크고 넓다.

(6) 4·19의거는 비민주주의에 대한 (　　　) 운동이었다.

(7) 교양을 쌓기 위해서 독서는 (　　　) 해야 한다.

(8) 한국은 북쪽으로 중국, 러시아와 (　　　)을/를 이루고 있다.

(9) 국회에서 (　　　)을/를 해제하고 구속한 의원을 석방하라고 의결했다.

(10) 한반도의 (　　　)을/를 결정한 얄타회담의 장본인은 루스벨트 대통령이다.

4. (　) 안에 들어갈 알맞은 단어를 보기에서 찾아 쓰시오.

철군　문화재　침몰　당파　파죽지세　조정　희생　항복　폐위　국호

(1) (　　　) : 물속에 가라앉음.

(2) 대한민국 축구가 (　　　)로 승리하고 있다.

(3) (　　　) : 왕 자리를 빼앗김.

(4) 안동에는 지방 (　　　)이/가 많이 보존되어 있다.

(5) (　　　) : 다른 사람, 어떤 목적을 위하여 자신의 목숨을 바치거나 버림. 빼앗김.

(6) 경영진 전체의 사표 제출은 처분을 따르겠다는 (　　　) 선언이나 마찬가지다.

(7) (　　　) : 주의, 주장, 이해를 같이하는 사람들이 뭉쳐 이룬 단체나 모임.

(8) 신종플루 위기 단계가 경계로 (　　　)되었다.

(9) (　　　) : 주둔하였던 군대를 철수함.

(10) 현재 우리나라의 (　　　)은/는 대한민국이다.

※ 내용 확인 ※

1 다음의 질문에 알맞은 내용을 찾아 쓰시오.

(1) 고조선 이후 한국의 변천사를 간단히 설명하시오

(2) 조선조에 있었던 이민족의 침입사를 설명하시오

(3) 광복 이후 한국의 민주주의 발전 과정을 설명하시오

2 다음을 읽고 내용과 일치하면 ○, 아니면 ×, 모르면 △ 표를 하시오.

(1) 삼국을 통일한 나라는 신라이다. (　　)

(2) 삼국은 한강 유역을 차지하려는 목적에, 백제-고구려-신라의 순으로 차지하게 되었다. (　　)

(3) 임진왜란 때 우리 민족은 단결된 힘에 의해 왜적을 무찔렀다. (　　)

(4) 유관순, 김좌진, 윤봉길 등은 청나라와의 싸움에 큰 공을 세웠다. (　　)

(5) 대한민국은 스스로의 의지에 의해 남과 북으로 나누어졌다. (　　)

3 아래의 사진과 관련한 내용에 대해 알아보고 이야기해 보자.

❙ 이봉창 의사 동상 ❙

❙ 삼의사(백정기, 이봉창, 윤봉길)의 묘 ❙

❊ 활 용 ❊

① 여러분 나라도 과거에 다른 나라와 전쟁을 한 기록이 있습니까? 간단히
쓰시오.

② 한국이 이민족의 침입으로 고통받은 역사적 현장을 찾아가보고 느낀 바
를 쓰시오.

03 한국의 법과 정치

○ 이곳은 어디이며, 어떤 일을 하고 있을까요?

▌헌법재판소 ▌

▌국회의사당 ▌

※ 학습 내용 ※

　　모든 국가가 제도나 규칙 등의 법에 의해 운영되듯 한국 역시 국가 질서와 관련한 법을 통해 통치하고 있으며, 그 중심에 정치제도가 있다.

◆ 한국 헌법에 규정되어 있는 통치이념의 기본을 이해할 수 있다.
◆ 한국 정치 제도의 원칙을 이해할 수 있다.
◆ 한국의 삼권분립 제도에 따르는 삼부(행정부, 입법부, 사법부)의 기능을 이해할 수 있다.

① 상황회화

A : 선생님, "한국은 자유민주주의 국가다"라는 의미가 뭐예요?

B : 그건 모든 결정이 개인의 자유의사에 따르며, 국가의 모든 의사결정은 국민으로부터 나온다는 의미죠

A : 그런데 한국에서는 대통령의 권한이 너무 강해서 부작용도 많은 것 같아요?

B : 어떤 정치 형태든 장, 단점이 있기 마련이에요 이런 한국의 정치 형태를 대통령중심제라고 해요

A : 혹시라도 있을 대통령의 권력집중을 예방하기 위한 장치가 마련되어야 할 것 같은데요?

B : 네, 그래서 행정부, 입법부, 사법부의 삼권분립 원칙에 따라 상호 견제하는 시스템으로 보완을 하고 있어요

② 법의 법으로서의 헌법

헌법은 한 국가의 통치이념이나 통치형태, 그리고 국민의 기본권을 보장하는 규범의 최고의 법을 의미한다.

● 헌법의 총칙

제1조 ① 대한민국은 민주공화국이다.

② 대한민국의 주권은 국민에게 있고, 모든 권력은 국민으로부터 나온다.

제2조 ① 대한민국의 국민이 되는 요건은 법률로 정한다.

② 국가는 법률이 정하는 바에 의하여 재외국민을 보호할 의무를 진다.

제3조 대한민국의 영토는 한반도와 그 부속도서로 한다.

제4조 대한민국은 통일을 지향하며, 자유민주적 기본질서에 입각한 평화적 통일정책을 수립하고 이를 추진한다.

제5조 ① 대한민국은 국제평화의 유지에 노력하고 침략적 전쟁을 부인한다.

② 국군은 국가의 안전보장과 국토방위의 신성한 의무를 수행함을 사명으로 하며, 그 정치적 중립성은 준수된다.

제6조 ① 헌법에 의하여 체결·공포된 조약과 일반적으로 승인된 국제법규는 국내법과 같은 효력을 가진다.

② 외국인은 국제법과 조약이 정하는 바에 의하여 그 지위가 보장된다.

제7조 ① 공무원은 국민전체에 대한 봉사자이며, 국민에 대하여 책임을 진다.

② 공무원의 신분과 정치적 중립성은 법률이 정하는 바에 의하여 보장된다.

제8조 ① 정당의 설립은 자유이며, 복수정당제는 보장된다.

② 정당은 그 목적·조직과 활동이 민주적이어야 하며, 국민의 정치적 의사형성에 참여하는데 필요한 조직을 가져야 한다.

③ 정당은 법률이 정하는 바에 의하여 국가의 보호를 받으며, 국가는 법률이 정하는 바에 의하여 정당운영에 필요한 자금을 보조할 수 있다.

④ 정당의 목적이나 활동이 민주적 기본질서에 위배될 때에는 정부는 헌법재판소에 그 해산을 제소할 수 있고, 정당은 헌법재판소의 심판에 의하여 해산된다.

제9조 국가는 전통문화의 계승·발전과 민족문화의 창달에 노력하여야 한다.

❷ 헌법의 기본 통치형태

한국의 헌법은 사회 전반에 걸친 총체적인 지침과 수많은 하위의 내용들로 구성되어 있다. 그 중 한국 통치의 중심은 자유민주주의와 자본주의 시장경제원칙이다.

자유민주주의는 한 개인의 삶과 관련한 모든 것이 본인의 자유의사에 따라 결정이 되며 그 결정에 따르는 책임 역시 개개인이 지는 것이다. 또한 국가의 모든 의사결정이 국민으로부터 나온다는 것을 의미한다.

자본주의 시장경제는 자유민주주의 원칙에 따라 경제 부문에서도 개인의 자유가 충분히 보장되는 제도이다. 즉 기업가는

┃한강시민공원에서의 즐거운 한낮┃

이윤을 추구하기 위해 투자를 하며, 생산자는 물건을 만들어 가격을 받으며, 노동자들은 노동의 대가를 받아낸다. 이러한 과정을 통해 생산의 증대가 일어나며 개인의 생활수준 향상 및 개인 생활의 자유를 보장하게 된다.

그러나 자본주의 시장경제는 지나친 자유가 주어졌을 때 사회의 불평등을 초래하게 되는데 그 기간이 오래 지속될수록 빈부의 격차가 심해진다. 이는 빈익빈 부익부 현상 등 사회문제로 나타난다. 이러한 사회문제를 방지하기 위해 정부는 사회의 약자들에 대한 복지제도 등을 통해 최소한의 기본 생활을 보장한다.

❸ 독립재판소로서의 헌법재판소

헌법재판소는 입법, 행정, 사법기관 중 사법기관의 성격이 강하나 법원과는 전혀 다른 독립재판소이다. 헌법재판소는 국회에서 제정한 법률이 헌법적 정신에 맞지 않는 것이 있을 때 이의 심판을 결정한다. 또한 행정부의 각 보직, 예를 들면 대통령이나 국무총리, 장관 등이 법률에 위배되는 행동을 했을 경우 국회 과반수 동의를 얻어 탄핵심판을 하게 된다.

③ 한국 정치의 제도

한 국가의 발전은 정치의 발전에 의한다고 할 수 있다. 정치의 중심이라고 할 수 있는 행정부, 입법부, 사법부에 대해 알아보자.

❶ 대통령중심제와 삼권분립

한국은 행정부, 입법부, 사법부의 삼권분립원칙에 따라 상호간의 견제와 균형을 통해 국민들의 자유와 평화를 최대한 보장하고 있다. 동시에 행정부의 수장인 대통령에 많은 권력이 집중된 대통령 중심제를 채택하고 있다.

일제 식민지와 한국전쟁과 같은 과거의 불안한 정치적 상황 속에서 강력한 리더십의 대통령제는 필수불가결한 선택이었을 것이다. 그러나 우리의 정치를 되돌아보면 대통령제의 단점 또한 상당 드러나기도 했다.

■정부수립 이후 대통령■

번호	성명	기간	특징
1	이승만	1948-1960	초대-3대 대통령. 사사오입, 부정선거
2	윤보선	1960-1962	
3	박정희	1962-1979	유신헌법
4	최규하	1979-1980	국무총리에서 대통령 권한 대행
5	전두환	1980-1987	1980-1981 : 구헌법 체제 1981-1987 : 개헌 후 대통령 당선
6	노태우	1988-1992	첫 직선제 대통령 당선. 5년 단임제 초석
7	김영삼	1993-1997	
8	김대중	1998-2002	
9	노무현	2003-2007	
10	이명박	2008-2012	

❷ 행정부의 역할과 기능

|국회의사당 정문|　　　　|국회의사당 후문|　　　　|국회의사당 비문: 국민과 함께 하는 민의의 전당|

행정부는 대통령을 중심으로 입법부에서 법률로 정한 사안들에 대해 국무총리와

각 부 장관이 중심이 되어 업무(이들의 회의를 국무회의라 한다)를 처리한다. 현재 한국의 정부조직(15부 2처 18청)은 다음과 같다(http://www.president.go.kr/kr/cheongwadae/organization/government.php에서 참조).

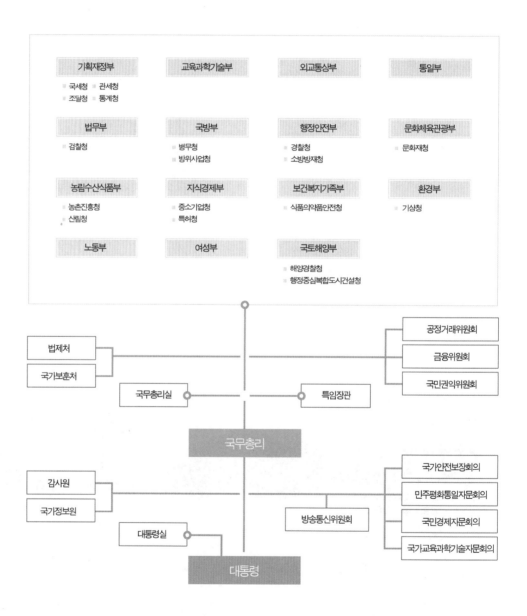

❸ 입법부의 역할과 기능

입법부의 중심은 국회이며, 국회는 국민들이 직접선거로 선출한 국회의원으로 운영되고 있다. 국회의 여러 권한 중 법률제정권(헌법개정권)과 행정부 예산의 심의, 확정, 결산에 대한 감독 그리고 제정(세금)에 대한 의결권이 그 핵심적 기능이다.

▌중앙선거관리위원회 명패 ▌

국민들에 의한 직접 민주정치를 대변하는 것이 바로 선거제도이다. 이를 통해 국민들은 나라와 국민들을 위해 일할 수 있는 일꾼을 뽑게 된다. 이렇게 뽑힌 국회의원들은 자신을 선택해준 지역민과 나라를 위해 일하게 된다. 즉 국민들은 직접 국회의원을 선출해서 정부와 관련한 구체적이고도 다양한 일들을 그들에게 4년 동안 맡기고 있는 것이다. 현재 국회의원 선거에 참여하기 위해서는 만 19세 이상이 되어야 하며, 만 25세 이상인 국민은 피선거권을 가질 수 있다.

한국의 국회는 미국의 양원제(상원, 하원)와 달리 단원제(일원제)를 채택하고 있다. 이 역시 대통령중심제와 의원내각제처럼 여러 장·단점을 지니고 있다. 다만 앞서도 살핀 바처럼 신속한 의사결정이 필요했던 혼란한 한국의 정치 상황으로 인해 일찍이 이 단원제를 채택했다고 볼 수 있다.

❹ 사법부의 역할과 기능

사법부는 입법부가 만든 법률을 바탕으로 정부나 개인 간에 발생한 사건을 재판이라는 형식을 통해 책임 여부를 판단하고 적용하는 기관이다.

한국의 사법부는 최고법원인 대법원과 각급 법원으로 구성되며, 그 아래로 고등법원과 지방법원 및 가정법원으로 나누어진다.

지방법원(민사, 형사의 1심 재판)이나 가정법원(가정과 소년에 대한 재판)의 결정에 대해 이의가 있으면 고등법원이 다시 심사하고 이에도 문제를 제기하면 최종 판단을 대법원에서 하는 방식으로 국민의 권익과 재산권 보호에 최선을 다하고 있다.

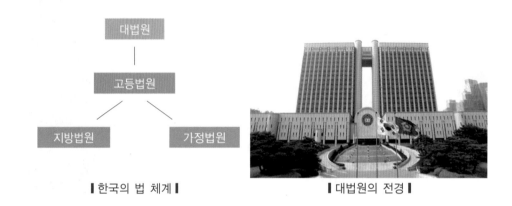

▌한국의 법 체계▐   ▌대법원의 전경▐

❊ 단어 학습 ❊

1. 보기 단어의 뜻풀이로 적당한 것을 찾아 이으시오.

규칙 통치 총칙 총체적 증대 리더쉽 법률

(1) 규칙   • 있는 것들을 모두 하나로 합치거나 묶음. 또는 그런 것.

(2) 통치   • 국회의 의결, 대통령이 서명하고 공포해서 성립하는 국법.

(3) 총칙   • 양이 많아지거나 규모가 커짐.

(4) 총체적   • 여러 사람이 다 같이 지키기로 작정한 법칙.

(5) 증대   • 전체를 포괄하는 규칙이나 법칙.

(6) 리더쉽   • 무리를 다스리거나 이끌어 가는 지도자로서의 능력.

(7) 법률   • 나라나 지역을 도맡아 다스림.

2. 아래 보기에서 빈 칸에 들어갈 단어를 찾아 쓰시오.

제정 일꾼 재판 권익 주권 위배 뽑는다

(1) 대한민국의 (　　　)은/는 국민에게 있으며, 국민은 국민투표와 선거 제도를 통해 (　　)을/를 행사한다.

(2) 국가인권위원회는 국민들의 (　　　)을/를 보호하기 위한 기관이다.

(3) 공권력 또는 다른 사람에게 개인의 이익을 침해 받았을 때 (　　　)을/를 통해 해결할 수 있다.

(4) 국회의원은 의원 개인보다는 국민들을 위해서 일하는 (　　)을/를 선출해야 한다.

(5) 입법기관인 국회에서는 법률을 (　　　)하고, 정부의 예산을 심의, 확정 그리고 결산에 대한 감독도 한다.

(6) 현재 대통령과 국회의원 그리고 지방자치단체장 및 지방의회의원들은 국민들이 선거를 통해 직접 (　　　).

(7) 국회에서 만든 법이 헌법의 기본 정신에 (　　)되어서는 안 된다.

❈ 내용 확인 ❈

① 다음의 질문에 알맞은 내용을 찾아 쓰시오.

  (1) 대한민국의 통치이념을 설명하시오

  (2) 국민의 대표기관인 입법부의 역할이 무엇인지 설명하시오

  (3) 사법기관의 헌법재판소의 기능을 설명하시오

② 다음을 읽고 내용과 일치하면 ○, 아니면 ×, 모르면 △ 표를 하시오.

  (1) 한국의 최고의 법은 고등법원이다. (　　　)

  (2) 한국 정치와 경제가 불안했던 시절 대통령 제도는 도움이 되었다. (　　　)

  (3) 만 25세 이상인 국민이라면 피선거권을 지닌다. (　　　)

  (4) 정치제도 중 하나인 의원내각제는 많은 장점만을 지니고 있다. (　　　)

  (5) 사법기관은 대법원-고등법원-지방법원의 순으로 올라간다. (　　　)

③ 아래의 사진과 관련한 국민의 역할과 그 책임에 대해 이야기해 보자.

❙국회의 모습❙　　　　　❙국민들의 선거권 행사❙

▨ 활 용 ▨

① 자본주의 시장 경제 체제의 장·단점에 대해 조사하여 쓰시오.

② 한국의 대통령제도에 있어서 삼권분립 원칙의 중요성에 대해 쓰시오.

04 한국의 상징

○ 이것들은 무엇이며 그 상징하는 바는 무엇일까요?

▮태극기▮　　　　　　　▮훈민정음, 한글▮

※ 학습 내용 ※

여러분은 언제 어느 순간에 여러분의 나라와 민족을 떠올리나요? 나라마다 그 나라를 대표하는 것들이 있는데, 한국적인 상징물에 대해 어느 정도 알고 있나요?

◆ 한국을 대표하는 상징물과 그 의미를 이해할 수 있다.
◆ 한국의 세계문화유산을 찾아 감상할 수 있고, 이해할 수 있다.
◆ 한국을 대표하는 자연물과 인물에 대해 이해할 수 있다.

① 상황회화

A : 마이클 씨, "동해물과 백두산이 마르고 닳도록…무궁화 삼천리 대한사람 대한
으로 길이 보존하세"라는 노래 아세요?

B : 그거 텔레비전 방송이 끝날 때 들었던 노래인데요.

A : 그 노래를 한국의 국가라고 해요. 그리고 그 노래와 함께 나오는 기를 국기라
하고, 화면에 있는 예쁜 꽃이 한국의 국화인 무궁화예요.

B : 아, 그러니까 모두 한국을 대표한다고 생각하면 되겠군요.

A : 맞아요. 한국인이면 누구나 할 것 없이 기쁠 때 슬플 때 태극기를 흔들고 애
국가를 부르며 기쁨은 두 배로 슬픔은 반으로 나눈답니다. 이것들이 한국인들
을 단결하게 하는 원동력이라 할 수 있어요.

② 한국의 이미지

한국 사람들이 한국을 대표해 부르는 노래를 애국가라 하며, 기를 태극기라 한
다. 그리고 나라를 상징하는 꽃과 언어 그리고 운동을 각각 무궁화, 한국어 그리고
태권도라 한다.

❶ 국가(애국가)

대한민국의 국가는 '애국가'이다. 이는 '나라를 사랑하는 노래'라는 의미로, 노랫
말(가사)을 만든 사람(작사자)은 알 수 없지만 곡을 만든 사람(작곡자)은 안익태이다.

❷ 국기(태극기)

대한민국의 국기는 '태극기'이다. 태극기는 흰 바탕의 깃 위에 태극 문양을 가운
데에 두고 검은색의 건·곤·감·리 4괘가 네 귀를 둘러싸고 있다. 태극기는 1882

년 박영효 등이 일본으로 가는 배 안에서
만들었다.

▷ 건(乾) : 하늘(天)
▷ 곤(坤) : 땅(地)
▷ 감(坎) : 달(月), 물(水)
▷ 리(離) : 해(日), 불(火)

▌태극기▐

'건곤'은 하늘과 땅을 의미하는 것으로,
대한민국이 '영원하라'는 무궁의 정신을 상
징한다. 그리고 '감리'는 달과 해를 의미하
며, 대한민국이 '빛나라'는 광명의 정신을 표현한 것이다. 태극기는 아래와 같은
경축일과 조의를 표하는 날에 높이를 달리하여 게양한다.

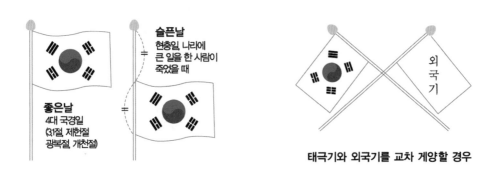

태극기와 외국기를 교차 게양할 경우

태극기와 외국기를 함께 게양할 경우

경축일		조의를 표하는 날
1월 1일 : 새해 7월 17일 : 제헌절 10월 1일 : 국군의 날 10월 9일 : 한글날	3월 1일 : 삼일절 8월 15일 : 광복절 10월 3일 : 개천절	6월 6일 : 현충일 국장기간 국민장일 정부에서 지정하는 날

애 국 가

안익태 작곡

느리고 장중하게

1. 동 해 물 과 백두 산 이 마르 고 닳 도록 하느님 이보우 하 사 우리 나라 만세
2. 남 산 위에 저소 나무 철갑 을두른 듯이 바람 서리불변 함은 우리 기상 일세
3. 가 을 하늘 공활 한데 높고 구름 없이 밝은 달은우리 가슴 일편 단심 일세
4. 이 기 상과 이맘 으로 충성 을다 하여 괴로 우나즐거 우나 나라 사랑 하세

후렴

무 궁화 삼 천리 화려강 산
대 한사람 대한 으로 길 이보전하 세

❸ 국화(무궁화)

대한민국의 국화는 무궁화이며, 무궁화(無窮花)는 끝없이 피고 진다는 뜻이다. 그러면 왜 많은 꽃 중에서 무궁화가 대한민국의 꽃이 되었을까? 무궁화의 쉽게 죽지 않는 끈질긴 생명력이 한민족의 역사적 삶과 유사하기 때문이다.(역사상 한국 민족은 유사 이래 약 900회에 가까운 외침을 겪었으며 그 때마다 민족의 단결력으로 견디어 왔다)

▮ 나라의 꽃, 무궁화 ▮   ▮ 훈민정음으로 지은 불교 찬가 월인천강지곡(1449) ▮   ▮ 태권도 경기 모습(국기원) ▮

❹ 국어(한국어)

한민족을 포함하여 세계 곳곳에 나가있는 교포들의 공식적인 언어를 한국어라 한다. 이를 문자의 개념으로는 '한글'이라고 하는데, 이의 우수성 및 과학성에 대해서는 세계 여러 언어학자들의 평가가 뒷받침하고 있다.

❺ 국기(태권도)

대한민국의 국기는 '태권도'이다. 태권도는 고대의 '택견'에서 발전한 것으로, 손과 발을 사용해 상대방의 공격을 방어함과 동시에 공격을 하는 한국 고유의 전통 무도이자 스포츠이다. 태권도는 2000년 제 27회 시드니 올림픽 때부터 정식종목이 되었다.

② 한국의 세계문화유산

세계적으로 보호할 가치가 있는 문화적 유산은 대한민국의 자랑이 아닐 수 없는데, 한국에는 세계적인 무형유산과 기록유산이 있다. 한국의 세계 문화유산에 대해 자세히 알아보기로 한다.

❶ 석굴암, 불국사(1995년 12월 등재)

석굴암과 불국사는 신라 불교 문화의 상징으로, 서기 751년 신라 경덕왕 때 김대성이 창건하였다. 석굴암은 신라 시대의 최고 걸작으로 건축, 수리, 기하학, 종교, 예술이 총체적으로 실현된 유산이며, 불국사는 신라인의 이상적인 세계를 지상에 옮겨 놓은 것으로 다보탑과 석가탑의 뛰어난 예술품을 자랑한다.

1	2	3
	4	

1. 석굴암 본존불상
2. 종묘의 정전
3. 불국사 전경
4. 경남 합천 해인사의 대장경판전

한국의 세계 무형유산

1. 종묘 제례 및 종묘 제례악	2. 판소리	3. 강릉 단오제
4. 강강술래	5. 남사당 놀이	6. 영산재
7. 제주 칠머리당영등굿	8. 처용무	

❷ 해인사 장경판전(1995년 12월 등재)

해인사의 팔만대장경은 세계 불교 경전 중 완벽한 경전으로, 이 대장경의 온전한 보관을 위해 15세기 경 지은 장경판전은 보존과학의 소산물로 높이 평가 받고 있다.

❸ 종묘(1995년 12월 등재)

종묘는 조선시대 역대 왕과 왕비의 신위를 모셔 제사를 지내는 국가 최고의 사당이다. 이 곳에서 가장 중심이 되는 건물은 정전과 영녕전이며, 제사를 지내는 공간과 제사를 준비하는 공간으로 구분된다.

❹ 창덕궁(1997년 12월 등재)

창덕궁은 경복궁의 이궁으로 인정전, 선정전, 희정당, 대조전의 중요 전각을 중심으로 주변 자연환경과의 조화를 이루고 있어 그 조형미를 자랑하고 있다.

❺ 수원 화성(1997년 12월 등재)

수원 화성은 정조의 아버지에 대한 효심과 왕도정치의 시련을 위한 장소로 건립된 것으로, 약 6km에 달하는 성벽 안에 4개의 성문을 갖추고 있는 국방의 요새이기도 하다.

한국의 세계 기록유산	
1. 훈민정음	2. 조선왕조실록
3. 직지심체요절	4. 승정원일기
5. 조선왕조의 의궤	6. 고려대장경판 및 제경판
7. 동의보감	

1. 청동기 시대, 강화도 지석묘
2. 경주 동부사적지대
3. 수원 화성
4. 세종대왕의 영릉
5. 창덕궁의 부용지와 부용정

❻ 경주역사유적지구(2000년 12월 등재)

경주역사유적지구는 신라 천년의 역사를 고스란히 지니고 있는 곳으로 남산지구, 월성지구, 대능원지구, 황룡사지구, 산성지구로 구성되어 있으며, 이 주변을 중심으로 다양한 건축물과 많은 유적 및 기념물들이 있다.

❼ 고인돌 유적(2000년 12월 등재)

고인돌은 청동기 시대의 대표적인 무덤 중 하나로, 고창, 화순, 강화도에 집중적으로 분포되어 있으며, 당시의 사회상을 생생하게 보여준다.

❽ 조선 왕릉(2009년 등재)

조선시대 왕실과 관련된 무덤으로 대부분 한양의 인근에 위치해 있다. 당시의 통치이념인 유고적인 예법에 따라 구성된 것으로 크기, 구조물들의 배치 등에 특징이 나타나고 있다.

한국의 세계 자연유산

제주도의 한라산, 성산일출봉, 거문오름용암동굴 3곳
이 세계자연유산(2007년 6월)으로 등재되었다. 제주
도는 화산섬으로 다양한 용암동굴을 비롯하여 희귀생
물 그리고 한라산의 천연보호 구역의 아름다운 경관을
자랑하고 있다.

▎한라산 정상 모습 ▎

③ 한국의 대표 동·식물

대한민국의 나라꽃이 무궁화라 하였는데, 그럼 한국하면 떠오르는 나무는 무엇
일까? 애국가의 가사를 유심히 살펴본 사람이라면 짐작이 갈 것이다. "남산 위의
저 소나무 철갑을 두른 듯 바람서리 불변하니 우리 기상일세…"에 등장하는 소나
무는 국가의 공식적인 나무는 아니지만 우리 민족의 삶에 있어서 중요한 자연물이
었다.

소나무는 한국의 옛 건축술에 있어 빠져서는 안 될 정도로 중요한 재료였으며,
오늘날에도 옛 건축물의 개·보수에 없어서는 안 되는 것이다. 2008년 방화로 소
실된 남대문의 재건축에도 소나무(금강송)를 벌목하여 사용하고 있다.

그리고 사시사철 푸른 소나무는 인간의 변함없는 지조와 절개를 상징하기도 하
며, 장수와 행복, 더 나아가 한국 민족이 겪은 어려운 시기를 꿋꿋이 헤쳐 나가게
하는 정신을 상징한다. 이러한 소나무의 다양한 상징성은 오늘날까지 한국문학이
나 예술작품의 주요한 소재가 되어 왔다.

식물인 소나무가 한국적인 이미지를 떠올린다면, 동물 중에서 한국을 대표하는
것들에는 진돗개와 한우가 있다. 진돗개는 용맹하고 영리한 한국 특산의 개 품종
으로 현재 천연기념물로 보호 중에 있으며, 한우는 한국 고유의 품종인 소를 의미
한다. 맛과 영양에 있어서 세계 최고를 자랑한다.

1. 강원도 화진포의
   금강송 군락
2. 진돗개
3. 인삼
4. 해남 해초 한우

다음 한국의 대표적인 건강 식품으로 '인삼'을 들 수 있다. 인삼은 재배지에 대한 선택성이 강하여 기후나 토양 등의 자연환경이 알맞지 않은 곳에서는 재배가 어렵고, 설령 재배가 가능하더라도 품질이나 약효에 현저한 차이가 있다. 이런 점에서 한국은 인삼 생산의 최적지로 인정받고 있으며, 인삼의 약효와 효능 또한 세계 최고를 자랑한다.

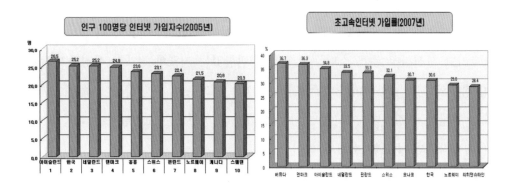

인류 정신사의 3대 발명품에 문자, 종이, 활자가 있다. 이 중 종이는 중국의 채륜에 의해 발명되어 삼국시대 한국에 전래되었으며 6세기 경 한국은 일본에 이를 전

수하였다. 한국의 전통적인 종이를 '한지'라 하는데, 한국적인 아름다움과 멋을 간직하고 있기에 오늘날에도 많은 곳에서 애용하고 있으며, 관광 상품으로도 개발되고 있다. 또한 21세기 과학화 시대에 있어서 정보통신 분야의 중요성이 점점 커져가고 있는 가운데 한국은 I.T강국으로 급부상하고 있다.

④ 한국의 대표인물

한국을 대표하는 인물에는 누가 있을까? 대통령을 포함한 정치인, 경제인, 예술인, 스포츠인, 과학자, 학자 등 수 많은 분야의 사람들이 있을 것이다. 여기서는 예술인과 스포츠인 중심으로 살피고 나머지는 관련 내용에서 언급하기로 한다.

스포츠계에서는 피겨의 김연아, 골프의 박세리, 야구의 박찬호, 축구의 박지성, 수영의 박태환 등이 한국을 대표하는 선수들이다. 그리고 한류문화를 이끈 대중문화계에는 이영애, 최지우, 장동건, 장나라, 보아, 비 등이 있다.

한국을 대표하는 세계적인 예술가에는 백남준, 윤이상, 정명훈, 정경화, 장영주, 강수진, 조수미 등이 있는데, 문화관광부의 '한국의 문화상징'에서는 다음과 같이 서술하고 있다.

"세계적으로 뛰어난 예술적 재능과 음악성을 인정받아 크게 명성을 얻고 있는 한국인 예술가들은 적지 않다. 1963년 텔레비전 수상기를 작품으로 사용한 이후, 뉴욕, 스위스, 독일, 한국 등에서 많은 전시회를 열어 비디오 아트를 예술 장르로 편입시킨 선구자라는 평을 들었으며, 1977년 위성 텔레비전 쇼 '굿모닝 미스터 오웰'을 발표하였고, 1993년 베네치아 비엔날레에서 황금사자상을 받은 세계 최초로 비디오 아트의 신세계를 개척한 백남준, 1972년 뮌헨 올림픽 개막 축하 오페라 '심청'을 비롯, 옥중에서 작곡한 '나비의 꿈', 광주 민주화운동을 소재로 한 '광주여 영원하라' 등 주옥 같은 명작들을 작곡한 세계적 작곡가 윤이상, 1세기에 한번 정

▎ 환상적 연기의 김연아 ▎

▎ 백남준의 비디오 아트 ▎

도 들을 수 있는 연주라는 놀라운 평가를 받으며 세계의 유수한 오케스트라가 한 번쯤은 협연하기를 꿈꾸는 자랑스러운 한국인으로 특유의 폭발력과 밀도 높은 연주를 통해 언제나 청중을 사로잡고 있는 바이올리니스트 정경화, 피아니스트로 출발하여 로스앤젤레스 오케스트라 수석 지휘자, 파리 바스티유 오페라 상임 지휘자를 역임하며 서양 클래식 음악의 본고장 유럽에서도 당당히 '마에스트로'라는 존칭을 받은 세계 5대 지휘자 가운데 한 사람인 정명훈, 또 한 사람, 9세 때 지휘자 주빈 메타에게 발탁되어 세계적 교향악단들과 협연하며 어린 나이에 세계인을 감동의 도가니로 이끈 천재 바이올리니스트 장영주 등이 있다. 현재 국내외에서 왕성한 활동을 계속하고 있는 이들의 빼어난 예술적 활동은 동아시아의 작은 나라 '코리아'를 예술과 문화의 나라로 인정하게 하는 주역들임에 틀림없다."

※ 단어 학습 ※

1. 보기 단어의 뜻풀이로 적당한 것을 찾아 이으시오.

기 상징 귀 원동력 뒷받침 유심히 절개 기질

(1) 기 • 추상적인 개념이나 사물을 구체적인 사물로 나타냄. 또는 그 렇게 나타낸 표지(標識)·기호·물건 따위.

(2) 상징 • 헝겊이나 종이 따위에 글자나 그림, 색깔 따위를 넣어 어떤 뜻을 나타내거나 특정한 단체를 나타내는 데 쓰는 물건.

(3) 귀 • 모가 난 물건의 모서리.

(4) 원동력 • 뒤에서 지지하고 도와주는 일. 또는 그런 사람이나 물건.

(5) 뒷받침 • 어떤 움직임의 근본이 되는 힘.

(6) 유심히 • 주의가 깊다.

(7) 절개 • 기력과 체질을 아울러 이르는 말.

(8) 기질 • 신념, 신의 따위를 굽히지 않고 굳게 지키는 꿋꿋한 태도

2. 보기에서 빈 칸에 들어갈 단어를 찾아 쓰시오.

괘 경축일 조의 계몽 보급화 전통무도 지조 꿋꿋이 급부상

(1) 테러로 숨진 동료와 친구들을 기억하고 (   )을/를 표한다.

(2) 인터넷의 (   )(으)로 현명한 투자자들이 늘어나고 있다.

(3) 일제 시대의 박해에도 불구하고 절조와 (   )을/를 지킨 인물이다.

(4) (   )의 사전적 정의는 지식 수준이 낮거나 인습에 젖은 사람을 가르쳐서 깨우 치는 것이다.

(5) 태극기의 모서리에 있는 (   ) 모양을 닮았다.

(6) 태권도의 세계화로 (   )로서의 발전방안을 연구해야 한다.

(7) 우리 집에서 가장 큰 (   )은/는 엄마의 생신이다.

(8) 2009년 김연아는 피겨의 여왕으로 (   )했다.

※ 내용 확인 ※

① 다음의 질문에 알맞은 내용을 찾아 쓰시오.

　(1) 대한민국의 국가는 무엇이며, 아는 바를 쓰시오

　(2) 대한민국의 국화, 국어, 국기에 대해 설명하시오

　(3) 소나무가 무엇을 상징하는지 설명하시오

② 다음을 읽고 내용과 일치하면 ○, 아니면 ×, 모르면 △ 표를 하시오.

　(1) 애국가 가사의 '무궁화 삼천리'는 우리 나라를 의미한다. (　　)

　(2) 태극기는 흰바탕의 깃 위에 태극 문양을 가운데에 두고 파란색의 건, 곤, 감, 리 4괘가 4귀를 둘러싸고 있다. (　　)

　(3) 무궁화는 끝없이 피는 것으로 우리 민족의 삶과 유사하다. (　　)

　(4) 한국의 세계문화유산에 경복궁도 포함된다. (　　)

　(5) 세계문화유산 중 신라와 관계있는 것은 불국사와 석굴암, 그리고 고인돌 유적이다. (　　)

③ 아래의 사진과 관련한 내용에 대해 이야기해 보자.

❙경주 역사유적지구❙　　　　❙불국사 전경❙　　　　❙첨성대❙

▒ 활 용 ▒

① 여러분 나라의 상징물에는 어떤 것들이 있는지 찾아서 쓰시오.

② 한국 하면 떠오르는 이미지와 그 내용에 대해 조사해서 쓰시오.

2부

한국 지역민의 삶의 모습

01 한국의 행정구역과 인구

○ 한국의 행정구역은 어떻게 나누어질까요?

┃대한민국 전도┃

❈ 학습 내용 ❈

    국가는 행정의 효율성과 국토의 균형적인 발전을 고려하여 행정 구역을 나누며, 장기적인 국가 발전을 위한 인구 정책 또한 신중을 기하고 있다.

◆ 한국의 행정구역 체제와 국토의 특징에 대해 이해할 수 있다.
◆ 한국의 인구변화 추이와 현재 인구 분포도의 특징을 이해할 수 있다.
◆ 한국의 국토의 변화표를 통해 국토 면적의 증가 이유를 짐작할 수 있다.

① 상황회화

A : 마이클 씨, 지금 사시는 곳은 어디예요?

B : 서울에 살아요.

A : 서울이요? 서울 중에서도 어느 구예요?

B : 서울 송파구에 살고 있는데, 저희 집은 가락시장이 보이는 곳에 있어요.

A : 그럼, 가락동이군요. 마이클 씨는 서울시 송파구 가락동이 거주지군요.

B : 그런데 선생님, 서울은 너무 복잡한 도시인 것 같아요. 다른 도시에 비해 차가 많고, 인구도 많아요.

A : 서울은 한국의 수도잖아요. 한마디로 서울은 사회, 정치, 경제, 문화, 금융 등 인간의 삶과 관련해 가장 발전한 지역인 관계로 사람들이 이 곳을 중심으로 모여 살게 되었죠.

② 행정구역과 국토면적

현재 한국(남한)의 행정구역은 1개의 특별시, 6개의 광역시 그리고 9개의 도로 구성되어 있다.

❶ 특별시(서울)

서울이 특별시가 된 것은 대한민국의 수도이기 때문이다. 2005년 통계청 자료(4월 기준)에 의하면 서울의 인구 분포는 다음과 같다.

┃서울의 중심, 세종로 광화문 거리┃ ┃새로 조성된 세종로 광화문 광장┃

총인구	내·외국인	성별
9,820,171명	9,762,546명(내국인)	4,837,112명(남)
		4,925,434명(여)
	57,625명(외국인)	32,649명(남)
		24,976명(여)

❷ 광역시와 도

광역시는 특별 행정구역으로 인구 100
만 이상의 도시가 독립적으로 운영할 필
요가 있을 때, 법률로서 정하고 있다.

한국의 도는 경기도, 강원도, 충청북도,
충청남도, 전라북도, 전라남도, 경상북도,
경상남도, 제주도가 해당한다.

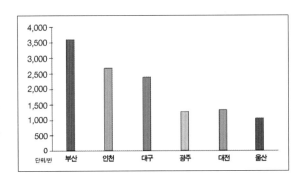

❸ 대한민국 국토의 변화

대한민국 국토의 총 면적은 99,720.39㎢이다. 각 행정구역별의 면적은 다음과 같다.
(2007년 자료 기준)

- 특별시 : 서울특별시(605.25㎢)
- 광역시 : 부산광역시(765.64㎢)　　　대구광역시(884.10㎢)
　　　　　인천광역시(1,007.47㎢)　　광주광역시(501.28㎢)
　　　　　대전광역시(539.64㎢)　　　울산광역시(1,057.26㎢)

- 도 : 경기도(10,132.24㎢)　강원도(16,612.89㎢)　충청북도(7,431.50㎢)
　　　충청남도(8,600.15㎢)　전라북도(8,062.98㎢)　전라남도(12,121.44㎢)
　　　경상북도(19,025.71㎢) 경상남도(10,524.40㎢) 제주도(1,848.43㎢)

국토의 총 면적이 매년 조금씩 늘어나는 이유는 공유수면매립으로 인한 토지 신규등록 등 때문이다.

광개토대왕과 한국의 영토

과거부터 현재까지 한국의 영토가 북쪽으로 가장 멀리 뻗친 시기는 바로 고구려의 광개토대왕 때였다. 그는 수도인 국내성을 중심으로 요동과 만주지역에까지 세력을 끼쳤다. 남쪽으로는 한강 이북까지 진출했으며, 그의 아들 장수왕은 평양으로 수도를 옮긴 후 백제 한성을 공격하여 한강 지역을 실질적으로 지배하게 되었다.

한국 국토

연도	국토총면적	농경지	임야	기타
	km²	km²	km²	km²
1945	94,229			
1950	98,431	19,541		
1955	98,431	19,948	66,708	11,775
1960	98,431	20,248	67,009	11,174
1965	98,431	22,564	66,136	9,731
1970	98,477	22,975	66,115	9,387
1975	98,807	22,397	65,754	10,056
1980	98,992	21,958	65,678	11,356
1985	99,143	21,444	65,311	12,388
1990	99,274	21,088	64,760	13,426
1995	99,268	19,853	64,519	14,896
2000	99,461	18,888	64,221	16,352
2007	99,720	19,902	63,824	
2008	99,828	19,798	63,749	

③ 한국의 인구

국민은 국가의 구성요소 중 하나인 만큼 중요하다. 국민이 없는 나라와 정치, 행정, 사회, 문화라는 것은 아무 의미가 없기 때문이다. 또한 한 나라의 저력은 그 국민들의 힘으로부터 나오기 때문이

▌혼잡한 명동의 거리▌

다. 과거부터 현재까지 한국 인구의 변화 추이와 오늘날 인구 분포의 특징에 대해 알아보자.

❶ 인구의 변화 추이

먼저 해방이 되었던 1945년부터 2007년까지 한국 총인구와 서울시 인구의 변화 과정은 아래의 도표와 같다.

한국 인구의 변화

연도	총인구 (1,000명)	서울시인구 (1,000명)	농가인구 (1,000명)	인구밀도 (명/km2)
1945	16,136	901	‥	‥
1946	19,369	1,266	‥	205.5
1947	19,886	1,647	‥	211
1948	20,027	1,708	‥	212.5
1949	20,189	1,418	14,416	205.1
1950	‥	1,693	12,864	‥
1955	20,202	1,575	13,300	208.4
1960	25,012	2,445	14,559	254.1
1965	28,705	3,471	15,812	291.5
1970	32,241	5,686	14,422	328.2
1975	35,281	7,005	13,244	357.1
1980	38,124	8,516	10,827	385.1
1985	40,806	9,725	8,521	411.6
1990	42,869	10,473	6,661	431.8
1995	45,093	10,342	4,851	462
2000	47,008	10,078	4,031	479.9
2005	48,138	10,011	3,434	489.6
2006	48,297	10,020	3,304	491.5
2007	48,456	10,026	3,274	494.1
2008	48,607	10,032	3,187	488

* 위 인구변화의 도표에서 농가인구와 인구밀도의 변화추이를 통해 짐작할 수 있는 사회상은 무엇인가?

❷ 현재 인구의 특징

대한민국의 총인구는 47,041,434명으로, 이 중 남자가 23,465,650명이고, 여자가 23,575,784명이다.(2005년 4월, 통계청 기준)

서울특별시	9,762,546	부산광역시	3,512,547
대구광역시	2,456,016	인천광역시	2,517,680
대전광역시	1,413,644	광주광역시	1,438,551
울산광역시	1,044,934	경기도	10,341.006
강원도	1,460,770	충청북도	1,453,872
충청남도	1,879,417	전라북도	1,778,879
전라남도	1,815,174	경상북도	2,594,719
경상남도	3,040,993	제주도	530,686

한국은 1960년부터 시작된 산업화와 사회구조의 변화로 농촌과 소도시의 인구가 대도시로 집중하였다. 이러한 이유로 서울의 인구(9,762,546)와 경기도(10,341,006)의 인구가 20,103,552명으로 한국 전체 인구의 약 43%에 해당한다.

한편 세계화, 국제화 시대가 되면서 한국에 거주하는 외국인의 수도 점차 증가하고 있다. 국적별 외국인 수와 주요 거주 도시는 아래와 같다.

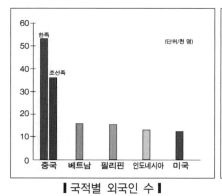

▌국적별 외국인 수 ▌

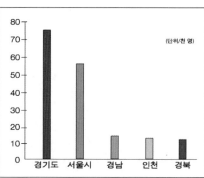

▌도시별 외국인 수 ▌

경 기 도	74,393	중 국	53,509
서 울 시	57,625	중국(조선)	37,090
경상남도	15,363	베 트 남	16,814
인 천 시	13,600	필 리 핀	16,652
경상북도	12,922	인도네시아	13,837
부 산 시	11,035	미 국	13,606
충청남도	10,078	태 국	10,294
대 구 시	8,531	중국(대만)	10,221
충청북도	6,585	일 본	9,636
전라북도	5,134	몽 골	7,578
전라남도	4,645	우즈베키스탄	5,479
대 전 시	4,305	파키 스탄	4,474
울 산 시	4,243	러 시 아	3,120
광 주 시	4,072	방글라데시	3,037
강 원 도	3,789	기 타	28,521
제 주 도	1,201	미 상	3,649

* 총 237,517명 중 158,304명(남)과 79,213(명)으로 구성.

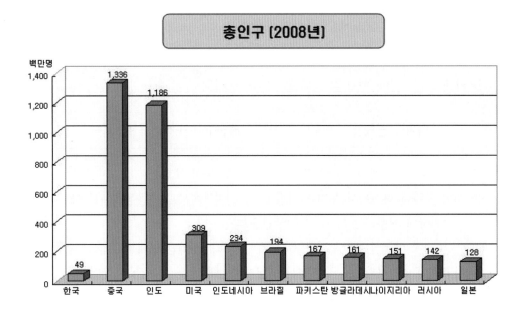

| 세계 총인구 |

※ 단어 학습 ※

1. 보기 단어의 뜻풀이로 적당한 것을 찾아 이으시오.

영토　광역시　분포　실질적　산업화

(1) 영토　　　　　• 상급 지방 자치 단체의 하나. 1995년 1월에 '직할시'를 고친
　　　　　　　　　　것으로, 현재 광주, 대구, 대전, 부산, 울산, 인천이다.

(2) 광역시　　　　• 일정한 범위에 흩어져 퍼짐.

(3) 분포　　　　　• 실제로 있는 본바탕과 같거나 그것에 근거하는. 또는 그런 것.

(4) 실질적　　　　• 국제법에서, 국가의 통치권이 미치는 구역. 흔히 토지로 이루
　　　　　　　　　　어진 국가의 영역을 이르나 영해와 영공을 포함하는 경우도
　　　　　　　　　　있다.

(5) 산업화　　　　• 산업의 형태가 됨. 또는 그렇게 되게 함.

2. 보기에서 빈 칸에 들어갈 단어를 찾아 쓰시오.

하위　통계청　뻗치다　만주　총인구　국적별　옮기다

(1) 문화의 (　　　)에는 '언어, 정치, 경제, 사회' 등이 포함된다.

(2) 일제 치하의 현실에서 우리 민족은 (　　　)지역에서 독립운동을 펼쳤다.

(3) 대한민국에 거주하는 (　　　) 외국인은 다양하다.

(4) (　　　)에 따르면, 2005년 서울의 거주민은 약 1,000만 명에 이른다.

(5) 한국은 매 5년마다 (　　　) 조사를 실시하는데, 2005년 기준 한국의 (　　　)은/
　　는 4천8백만 명에 달한다.

(6) 대한민국의 산맥은 북의 백두산으로부터 남의 한라산까지 (　　　) 있다.

(7) 철수 씨, 책상을 (　　　)려고 하는데, 좀 도와주세요

※ 내용 확인 ※

1 다음의 질문에 알맞은 내용을 찾아 쓰시오.

(1) 한국(남한)의 행정구역의 구성에 대하여 설명하시오

(2) 한국의 영토가 가장 넓었던 때와 그 영역에 대해 설명하시오

(3) 한국의 대도시에 인구가 집중하게 된 이유를 설명하시오

2 다음을 읽고 내용과 일치하면 ○, 아니면 ×, 모르면 △ 표를 하시오.

(1) 한국의 국토면적이 조금씩 늘어나는 이유 중 하나는 공유수면매립 때문이다.
(   )

(2) 한국의 광역시에는 서울, 부산, 대구, 인천 등이 포함된다. (   )

(3) 한국에서 가장 넓은 지역으로는 경기도-강원도-경상북도의 순이다. (   )

(4) 한국의 인구는 수도권과 비수도권의 비율이 약 43% : 57%이다. (   )

(5) 한국에 거주하는 외국인의 국적은 중국이 가장 높다. (   )

③ 아래 백지도에 시, 도명을 써 넣으시오.

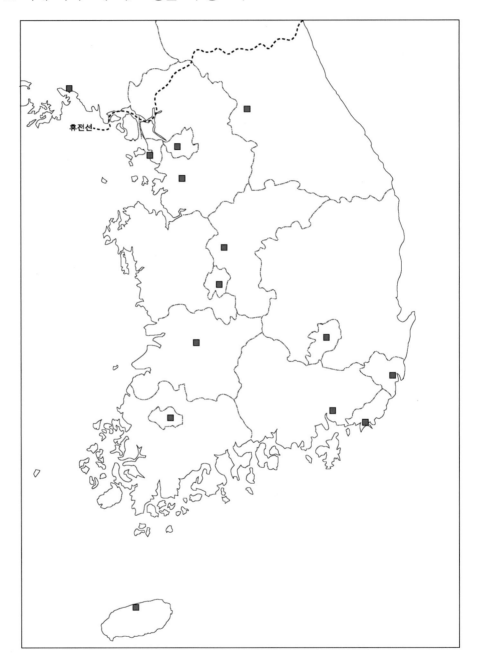

휴전선

※ 활 용 ※

① 한국은 인구 감소세에 따라 점차 고령화 사회로 진행중이다. 이에 대한 원인과 대책에 대해 쓰시오.

② 서울의 각 행정동별 특징에 대해 인터넷 자료 등을 활용하여 찾아보고 발표해 보시오.

02 중부, 남부, 북부 지역의 삶

○ 이곳에서 일하는 사람들의 삶은 어떻게 다를까요?

▮경기도 파주의 젖소 농장▮　　▮강원도 태백 고랭지 배추▮　　▮강원도 주문진항의 어시장▮

❈ 학습 내용 ❈

　　한국은 지역에 따라 크게 세 부분으로 나뉘어 자연환경이나 인문환경 및 관광 자원 등에 차이가 나타나며, 그로 인해 주민들의 생활환경에도 독특한 특징이 나타난다.

◆ 한국의 지역별 자연환경에 대해 이해할 수 있다.
◆ 한국의 지역 차이에 따르는 산업과 특산물에 대해 이해할 수 있다.
◆ 제주도 지역의 환경과 관광산업 특수성에 대해 이해할 수 있다.
◆ 오늘날 북부 지역의 경제 체제의 변화를 이해할 수 있다.

① 상황회화

A : 선생님, 한국의 날씨는 지방의 차이에 따라 어때요? 이 곳 서울 날씨와 비슷한가요?

B : 그렇지 않아요. 중부지방을 기준으로 볼 때 북부지방은 추운 편이고, 남부지방은 따뜻한 편이에요. 밍밍 씨, 중국의 날씨는 어때요?

A : 한국과 비슷한 것 같아요.

B : 그렇군요. 그러나 다소간의 지역적 차이에도 불구하고 알래스카처럼 모든 지역이 추운 곳도 있고, 하와이처럼 따뜻한 곳도 있어요.

A : 그래서 추운 겨울이 오면 사람들이 따뜻한 나라로 여행을 가나봐요.

B : 맞아요. 한국 사람들도 추운 겨울에 따뜻한 제주도로 여행을 많이 가죠.

② 중부지방의 삶

대한민국의 중부 지방은 한반도의 중앙부에 위치하고 있으며, 정치, 경제, 문화, 사회, 교통의 중심지이다.

이곳은 동고서저(東高西低)의 지형을 나타내며, 여름철에는 장마와 태풍으로 집중호우가 내린다. 겨울에는 춥고 건조한 편이며, 특히 강원도의 영동 지역에는 눈이 많이 내려 아름다운 설경을 자랑한다.

한국의 중부 지방은 다시 수도권, 관동권(영동권), 충청권으로 세분화할 수 있다.

● 수도권

수도권이란 한국의 수도인 서울을 중심으로 그 주변을 포함하는 의미로 서울과 경기도를 지칭한다.

중부지방의 수도권은 정치, 경제, 사회, 문화, 교통의 중심지로 인구가 집중된 곳이며, 여러 가지 유리한 조건으로 인해 우리나라 최대의 공업 지역이 자리잡고 있다.

1	2	3
4	5	6

1. 설악산의 설경　　2. 수도권 공장의 매연　　3. 설악산의 운무와 일출
4. 오대산 상원사의 전경　5. 태백의 석탄공업 지대　6. 동해안 오징어 건조 장면

최근에는 서해안에 공업 단지가 들어서고 있다.

　그러나 수도권으로 인구와 산업이 집중하면서 많은 문제점이 생기게 되었다. 그 중에서 환경문제와 국토개발의 불균형 문제가 심각하다. 이러한 문제를 해결하기 위해 정부에서는 신도시를 개발하고 행정도시를 충청권으로 이전하려 하고 있다. 또한 개발제한구역(그린벨트 등)을 설정하는 등의 대책을 세우고 있다.

❷ 관동 지방

　관동 지방은 '관'(關)의 '동'(東)쪽 지방이란 뜻으로, 여기서 '관'은 '대관령'을 가리킨다.

　이 지방은 관광 자원이 풍부하여 관광 산업이 크게 발달하였다. 국립공원(설악산, 오대산, 치악산 등)과 해수욕장(동해안 일대)이 유명하며, 석회 동굴과 스키장, 골프장 등으로 관광객이 사시사철 붐비는 곳이다.

관동 지방은 관광자원과 함께 지하자원이 풍부한 곳이다. 그래서 이곳은 남한 지역 최대의 광업 지대이다.

마지막으로 이곳은 밭농사와 수산업이 발달하였다. 밭농사는 고랭지 농업이 특징이며, 수산업은 동해 바다의 어족이 풍부하다. 특히, 동해안의 수산물로 오징어와 명태가 유명하다. 또한 목장이 많아 목축업이 발달하였다.

❸ 충청 지방

▋일몰이 아름다운 서해 태안반도 꽃지해수욕장의 할미·할배 바위 ▋

▋서해 강화도의 갯벌 ▋

충청 지역의 주요 도시는 대전과 청주이다. 대전은 충청남도의 도청이 있는 곳이며, 최근 정부 기관과 수도권 공장의 이전으로 급성장하는 곳이다. 그리고 청주는 충청북도의 도청소재지이다.

이 지역은 과거 삼국시대 백제의 영역이었던 곳으로, 공주와 부여를 중심으로 백제 문화를 많이 간직하고 있다. 또한, 국립공원(소백산, 속리산, 월악산, 계룡산, 태안 국립공원)이 위치한 관계로 관광 산업도 발전하고 있다.

충청남도의 서해안은 수심이 얕고 조차(潮差)가 커서 넓은 갯벌이 발달하였다. 그리고 대규모 간척지 사업으로 대한민국의 지도를 조금씩 바꿔나가고 있다. 그러나 이러한 간척지 개발로 인해 갯벌의 자연 생태계가 파괴되고 해양오염 등의 문제가 야기되고 있다.

세계5대 갯벌의 서해안
갯벌은 조류에 의해 밀려온 작은 흙들이 오랫동안 해안에 쌓여 형성된다. 현재 한국의 갯벌은 서해안과 일부 남해안에 펼쳐 있는 가운데 약 80%의 갯벌이 서해, 즉 경기·인천, 충남, 전남에 있다. 이 곳에는 다양한 생물이 서식하며, 갯벌 진흙이 피부에 좋은 성분들이 많아 피부미용에도 활용이 높아, 여름철 다양한 체험행사들이 진행되고 있다.

③ 남부지방의 삶

대한민국의 남부 지역은 중부 지역의 아래쪽, 즉 한반도의 남쪽에 위치해 있다. 이 지역은 삼면이 바다로 둘러싸여 있어서 해양 진출의 요지로 그 중요성이 부각되고 있다. 이러한 지역적 특색으로 말미암아 연·근해 어업과 공업 및 무역의 중심지로 발달하였다.

남부 지역은 소백산맥을 중심으로 영남 지방과 호남 지방으로 나누어진다. 강수량은 북·중부 지방에 비해 많은 편이며, 겨울은 따뜻하고 여름은 무더운 날씨를 보인다.

┃대한민국 항만의 심장, 부산항 전경┃

이 지역도 중부 지역과 마찬가지로 영남과 호남 그리고 제주도의 세 지역으로 구분이 가능하다.

❶ 영남 지방

영남 지방은 과거 신라의 중심지로, 경상남도와 경상북도를 포함한다. 오늘날 이 지역은 항구의 발달로 원료 수입과 제품 수출에 유리하여 임해 공업과 수산업이 발달하였다.

주요 공업 지역으로는 부산, 온산, 울산, 포항, 창원, 마산, 거제, 대구·구미 등이 있다. 부산은 수도인 서울 다음으로 큰 도시로, 우리나라 제1의 무역항이다. 섬유, 식품, 기계, 화학 공업 등이 발달한 곳으로도 유명하다. 온산은 비철 금속 공업이 발달하였으며, 포항은 제철소, 창원은 기계 공업으로 유명하다. 마산은 섬유 산업, 울산 및 거제는 조선 산업, 대구·구미는 섬유와 전자 산업이 발달하였다.

한편, 이 지역은 낙동강 유역을 중심으로 주요 곡창 지대를 형성하고 있으며, 과수 재배(사과 등)로 유명하다. 그리고 인삼(풍기), 마늘(의성), 고추(영양), 단감(진영) 등의 특산물로도 유명하다.

	2	1. 남해 바다의 다도해 전경	2. 포항, 포스코의 야경
1	3	3. 온산, 비철 공장	4. 부산항
	4		

❷ 호남 지방

호남 지방은 전라도의 다른 이름으로, 전라남도와 전라북도를 포함한다. 이 지역은 옛날부터 농업이 중심이었다. 그러나 최근에는 대규모 산업 단지가 조성되어 공업 또한 발전하고 있다.

호남 지방은 강수량과 기온이 적당하고, 간척지 사업(새만금)을 통해 농경지가 확장되었다. 그리하여 이 지역은 우리나라 최대의 곡창 지대이다. 특히 보성의 차와 나주의 배는 이 지역의 특산물이다.

한편, 이 지역은 중화학 공업이 급속도로 성장하고 있다. 주요 공업 단지가 광양(제철소), 여수(석유 화학·비료) 등에 들어서 있다. 그리고 재래 공업으로는 전주(한지), 담양(죽세공품), 남원(목기) 등이 유명하다.

마지막으로 이 지역은 섬이 많은(다도해) 곳으로 수산업과 양식업이 발달하였다는 특징을 지니고 있다.

❸ 제주도

남부 지역의 대표적인 관광지로 제주도를 빼놓을 수 없다. 외국인들도 알고 있는 제주도 자연환경의 특색은 화산섬이며, 한반도의 가장 남쪽에 위치하여 겨울에도 따뜻한 날씨를 보인다.

▌제주도 종마목장 ▌

제주도에는 세 가지가 많다고 하여, 달리 '삼다도'(三多島)라고도 한다. 즉 '다석'(多石), '다풍'(多風), '다녀'(多女)를 뜻한다.(그러나 통계를 작성한 이후 처음, 2008년 12월 31일 기준으로 남자가 28만 2937명, 여자가 28만 2582명으로 역전 현상이 일어났다.)

제주도의 '해녀'는 특정한 도구의 도움 없이 물속에서 작업을 하는 세계 유일의 여성들로, '잠녀'라 하며, 제주도 여인의 강인한 정신력과 생활력 그리고 근면성을 상징하고 있다.

▌제주도 해녀 조각상 ▌

제주도의 특산물로는 겨울철 과일인 귤을 포함하여 말이 유명하다. 그래서 옛말에 "사람은 태어나면 서울로 보내고 말은 제주도로 보낸다"는 말까지 있었다.

1	2	4
	3	

1. 인삼밭
2. 전남 광양 제철소의 야경
3. 수출을 기다리는 광양만의 컨테이너
4. 제주도 승마체험

③ 북부지방의 삶

대한민국의 북부 지역은 휴전선(3·8선) 이북의 북한 지역이다. 이 지역은 중국, 러시아와 국경을 접하고 있어 통일된 미래 한국이 대륙 문화권으로 진출할 수 있는 통로이다.

이 지역의 자연환경은 겨울이 길다는 점과 중부나 남부에 비해 강수량이 적으며, 기온의 연교차가 커서 논농사에 불리하다. 그리하여 이 지역은 밭농사를 특징으로 하고 있다. 총 면적의 16%만 경지로 사용하는데, 그 중 70%가 밭이다. 이와 같은 불리한 자연 조건으로 인해 식량 생산이 부족하여 현재 다른 나라의 도움을 받고 있다.

북부 지방의 중심지는 관서 지방이다. 이 지역에는 북한의 정치·경제·문화의 중심지인 평양이 있다. 또한, 관서 지방 최대의 항구 도시인 남포가 자리잡고 있는데, 평양과 남포를 잇는 지역은 북부 지방 최대의 공업 지역이다.

농업과는 반대로 이 지역은 풍부한 자원이 많아 공업이 발달하였다. 먼저, 동력

자원과 지하자원이 풍부하다. 이 지역의 공업 지역으로는 '평양 공업 지역, 강계 공업 지역, 신의주 공업 지역, 해주 공업 지역' 등이 있다. 그러나 이 지역은 군수 공업 위주의 중화학 공업은 발달한 반면 경공업은 부진하다.

한편, 북부 지방은 공산주의 체제의 사회이지만 최근에는 자본주의 시장 경제의 원리를 부분 도입하는 등 개방 정책을 추진하고 있다. 예를 들면, 경제 특구를 설치하고, 금강산 관광을 개방하며, 남북 간의 경제 협력을 시도하는 등이다. 그러나 이는 제한된 개방 정책으로 무역 감소에 따른 경제난, 즉 외화 부족과 식량난을 해결하기 위한 의도가 강하다.

민족의 건국과 평양

우리 민족에게 평양은 고조선, 고구려와 관련해 중요한 곳이다. 둘 다 평양을 주 무대로 활약한 나라로 특히 기마민족인 고구려의 기상을 여실히 드러내는 많은 문화재가 보전되고 있다. 남과 북이 갈라진 현재 북한의 정치, 경제, 문화, 군사의 중추적 도시이기도 하다.

※ 단어 학습 ※

1. 보기 단어의 뜻풀이로 적당한 것을 찾아 이으시오.

집중호우   권역   단지   급성장   갯벌   야기   해양   부각   그린벨트

(1) 집중호우   • 바닷물이 드나드는 모래톱 또는 그 주변의 넓은 땅.

(2) 단지   • 사물의 규모가 급격하게 커짐.

(3) 권역   • 어떤 사물을 특징지어 두드러지게 함.

(4) 급성장   • 어떤 특정한 범위 안의 지역.

(5) 갯벌   • 어느 한 지역에 집중적으로 내리는 비.

(6) 야기   • 일이나 사건 따위를 끌어 일으킴.

(7) 부각   • 주택, 공장, 작물 재배 따위가 집단을 이루고 있는 일정 구역.

(8) 그린벨트   • '녹지대', '개발 제한 구역'으로 순화.

2. 보기에서 빈 칸에 들어갈 단어를 찾아 쓰시오.

임해   곡창   화산섬   척박하다   연교차   부진하다   고랭지

(1) 한반도의 남쪽 섬인 제주도는 화산의 활동으로 형성된 (　　　)이다.

(2) 1년 동안 측정한 기온, 습도 따위의 최댓값과 최솟값의 차이를 (　　　)(이)라 한다.

(3) 대한민국은 삼면이 바다에 접해 (　　　) 공업이 발달하였다.

(4) 대관령을 비롯한 영월, 평창 등의 강원도는 (　　　) 농업의 전망이 밝다.

(5) 한국의 전통사회는 농경문화권에 속해 벼농사를 주로 해 왔는데, 김해와 나주는 한국의 대표적인 (　　　) 지대이다.

(6) 세계적인 경제 불황으로 올해 한국 경제도 (　　　).

(7) 사막과 같이 (　　　) 땅에서는 식물이 잘 자라지 못한다.

3. 보기 단어의 뜻풀이로 적당한 것을 찾아 이으시오.

> 이전 어족 조차 간척지 조류 요지 특구 중추적

(1) 이전   • 밀물과 썰물 때의 수위의 차.

(2) 어족   • 말이나 글 따위에서 핵심이 되는 중요한 내용.

(3) 조차   • 어류.

(4) 간척지   • 밀물과 썰물 때문에 일어나는 바닷물의 흐름.

(5) 조류   • 바다나 호수 따위를 둘러막고 물을 빼내어 만든 땅.

(6) 요지   • 장소나 주소 따위를 다른 데로 옮김.

(7) 특구   • 가장 중요한 부분이나 자리가 되는. 또는 그런 것.

(8) 중추적   • 경제, 교육, 관광, 농업 등의 시설 개발의 목적으로 특별히 설치한 구역.

4. 보기에서 빈 칸에 들어갈 단어를 찾아 쓰시오.

> 연근해 비철 조선 죽세공품 잠녀 이국적 군수

(1) 한국의 이태원은 외국인과 외국 물건을 파는 가게로 인해 (　　　)인 풍경을 보인다.

(2) 한국의 (　　　)업은 세계 최고를 자랑한다.

(3) 철 이외의 금속을 통틀어 이르는 말로, 금, 은, 구리, 납, 아연 등을 (　　　) 금속이라 한다.

(4) 아직도 북한의 공업은 (　　) 용품을 생산하는 (　　) 공업에만 치중하고 있다.

(5) 제주도의 해녀는 (　　)라고도 하며, 전복, 해삼 등 다양한 해산물을 딴다.

(6) 인천광역시의 연평도와 백령도 (　　)에서는 꽃게가 많이 잡힌다.

(7) 한국의 전통 공예품 중 대나무로 만든 (　　)은/는 담양이 유명하다.

※ 내용 확인 ※

1 다음의 질문에 알맞은 내용을 찾아 쓰시오.

  (1) 한국의 지형 중 '동고서저'에 대해 설명하시오

  (2) 서해안의 지형적 특징에 대해 설명하시오

  (3) 북한 지역의 삶의 변화에 대해 설명하시오

2 다음을 읽고 내용과 일치하면 ○, 아니면 ×, 모르면 △ 표를 하시오.

  (1) 수도권이란 서울 지역을 의미한다. (　　)

  (2) 석회 동굴, 스키장 등 관광자원이 풍부해 관광산업이 발달한 지방은 영남지방
이다. (　　)

  (3) 우리나라 최대의 곡창지대는 김해와 나주평야이다. (　　)

  (4) 인삼으로 유명한 곳은 풍기, 금산, 개성으로 최근 농가의 수입원으로 각광을 받
는다. (　　)

  (5) 제주도는 삼다도라 하여 돌과 바람 그리고 바다가 많다. (　　)

3 아래 과일과 그 특산지명을 연결해 보자.

전남 나주　　　　　　제주도　　　　　　경북
　●　　　　　　　　　●　　　　　　　　●

　●　　　　　　　　　●　　　　　　　　●

귤　　　　　　　　　사과　　　　　　　　배

❖ 활 용 ❖

① 한국을 지리적 위치에 따라 북부, 중부, 남부로 구분하는데, 각 지방의 자연환경과 인문환경의 특징에 대해 쓰시오.

② 한국의 중부, 남부 지역을 중심으로 생산되는 특산물에 대해 조사한 후 쓰시오.

03 한국의 수도, 서울

○ 어디의 모습일까요?

▮ 서울 광장의 모습 ▮   ▮ 석양 무렵의 한강 ▮

▓ 학습 내용 ▓

　한 나라의 수도는 정치 · 경제 · 문화 · 금융 등 사회 전반에 걸쳐 중심이 되는 축이라 할 수 있다. 여러분은 한국의 수도에 대해 어느 정도 알고 있나요?

◆ 건국 이후 한국의 수도 변천사에 대해 이해할 수 있다.
◆ 수도 서울을 관통하는 한강의 상징성을 이해할 수 있다.
◆ 교통수단과 도자문화 발전으로서의 한강의 중요성에 대해 이해할 수 있다.

① 상황회화

A : 밍밍 씨 24회 올림픽의 개최국을 아세요?

B : 한국과 일본에서 공동으로 개최하지 않았나요? T.V에서 본 것 같은데.

A : 그건 월드컵이었고요 24회 올림픽은 한국, 서울에서 개최했어요 그래서 서울 올림픽이라고 하죠

B : 선생님, 그런데 한국의 경제가 급속도로 발전한 것을 갖고 "한강의 기적"이라는 표현을 쓰던데요 무슨 의미예요?

A : 하하. 그것은 한국하면 가장 먼저 생각나는 것이 한강이었기 때문에 이 때의 한강은 대한민국과 같은 뜻이에요 그러니까 "대한민국의 놀라운 발전이 기적"과도 같이 놀랍다는 것이죠

B : 한국이라고 하면 애국가, 태극기, 무궁화, 태권도의 이미지가 떠오르듯이 한강도 대한민국의 상징이군요

② 서울의 역사

대한민국의 수도는 서울이다.

서울은 조선 왕조의 수도로서 580여 년의 오랜 역사를 지니고 있다. 조선 태조 이성계(李成桂)가 1394년 11월 26일 한양(서울의 옛 이름)으로 천도한 이후 서울은 정치, 경제, 사회, 문화 등 한국 민족사의 중심축이었다.

오늘날의 서울은 한반도의 중앙에 위치한 도시로, 그 주위로 북한산, 관악산, 도봉산, 우면산 등이 둘러싸고 있다. 서울의 중심에는 남산이 우뚝 솟아 있으며, 그 앞으로 한민족의 젖줄인 한강이 유유히 흐르고 있다.

한편, 역사와 전통을 자랑하는 서울은 세계 주요 도시를 대상으로 한 세계화 순위에서 9위를 차지할 정도로 오늘날 세계적 도시로 주목받고 있다.(조사 대상 중 가장 글로벌한 도시는 뉴욕인 것으로 조사됐으며, 이어 런던, 파리, 도쿄, 홍콩, 로스앤젤레스, 싱가포르, 시카고, 토론토가 상위 10위 안에 포진했다. 연합뉴스, 2008.10.20)

서울의 행정구역

현재 서울시의 행정구역은 25개 구와 522개 동이 있다.

▌서울의 25개 구 ▌

1. 서울의 허파, 남산의 타워   2. 한강의 전경
3. 서울 시청 앞 광장

대한민국 수도의 변천사

● 고조선 → 삼국시대 → 통일신라시대 → 고려시대 → 조선시대 → 현재
　평양　（아래 참고）　경주　　개성　　한양(서울)　서울
● 삼국시대 수도의 변천사
　고구려 : 평양
　백　제 : 한강 유역 → 공주 → 부여
　신　라 : 경주(오늘날 경주 지역은 신라의 옛문화를 그대로 간직하고 있어 과거와
　　　　　현재가 공존하는 곳이기도 하다.)

③ 한국의 젖줄 : 한강

　대한민국의 수도인 서울을 동과 서로 가르며 관통하는 것이 한강이다. 한민족에게 한강은 어머니의 젖줄이라 할 만큼 중요하며, 한국의 오랜 역사를 지키며 흐르고 있다.

❶ 한강의 역사

한강 유역은 지리적으로 한반도의 중심에 위치해 있어 많은 인구와 물자가 모이는 곳이다. 또한 주위가 산으로 둘러싸여 외적의 침입을 방어하기에 용이하며 물을 쉽게 얻을 수 있어 농사짓기에도 적합하여 삼국시대부터 이곳을 차지하기 위한 전쟁이 많았다.

약 6~70만 년 전 : 구석기와 신석기 시대의 많은 유적들이 남아 있다. 암사유적지가 대표적이다.

삼국시대 : 한반도 중심부에 위치한 지리적 여건과 대륙을 잇는 교통상의 요지로서 고구려, 백제, 신라의 쟁탈 대상이었다.

고려시대 : 한강 유역의 중요성이 인식되어 당시 양주(현 서울)를 3경(남경)의 하나로 정하여 천도설이 있을 때마다 후보지로 거론되곤 하였으나 실현되지는 않았다.

조선시대 : 수도를 옮긴 조선시대의 한강은 수도를 보호함과 동시에 전국으로 통하는 뱃길이 되어 문화 발전의 기초가 되었다.

현대 : 한국 경제 발전의 대명사가 되었으며, 한강을 중심으로 서울을 강남과 강북으로 구분하여 부르고 있다.

❷ 한강의 지류

한강은 두 개의 물줄기, 즉 남한강과 북한강으로 나누어진다. 남한강과 북한강의 두 물줄기가 만나는 지점이 양수리(두물머리)이며, 여기서 하나로 합해져 서울을 거쳐 서해로 흘러간다.

| 1 | 2 | 3 |
| 4 | 5 | 6 |

1. 한강유람선　　　　2. 한강의 지류, 양재천　　　　3. 서울의 남과 북을 잇는 청담대교
4. 두물머리(양수리) 전경　　5. 팔당댐　　　　　6. 한강의 지류, 중랑천

한강의 발원지, 검룡소

대한민국의 수도인 서울을 지역적으로 구분지을 때 가장 일반적인 것이 강남과 강북입니다. 그리고 이 때의 '강'은 바로 한강을 이름입니다. 그러면 이 한강의 출발점은 어디일까요? 한강을 거꾸로 거슬러 올라가보면 그 출발점은 태백산 깊은 골짜기의 작은 샘에서 졸졸 흘러나오는 물임을 알 수 있습니다. 그렇게 작은 물이 흘러흘

▌검룡소▐

러 오면서 거기에 여러 지류가 합쳐져 한강이라는 큰 강이 형성된 것입니다. 마치 과거 우리의 삶 하나하나가 모여 21세기의 찬란한 한국문화를 형성하고 있는 것처럼 말이죠. 그래서 한국문학에서의 강은 역사나 문화 등을 상징합니다.

❸ 한강과 도자기 예술

교통문화가 발달하지 않았던 시기의 한강은 인적 및 물적 이동의 대표적인 교통로였다. 특히 서울로 향하는 두 강줄기의 지역에서 생산된 물자의 이동로로 이만

한 것이 없었다. 그러한 물자 가운데 빼놓을 수 없는 것이 도자기였다.

✔ 관요로서의 광주

**▌황실 도자기의 면모를 볼 수 있는
경기도자박물관 ▌**

조선시대 궁궐에서 사용하기 위해 만드는 모든 도자기류는 정부에서 직접 관리하였는데, 오늘날 경기도 광주가 그 대표적인 지역이었다. 이곳이 도자기 생산지로서 적합한 이유 중 첫째 조건은 서울과의 인접성이었고, 그 다음은 한강이라는 운송로를 이용할 수 있었기 때문이다. 광주군 퇴촌면 분원리의 관요와 곤지암에 있는 경기도자박물관에서 조선왕실의 도자기를 만끽할 수 있다.

✔ 민요로서의 여주, 이천

관요로서의 광주요가 당시 번성하였다면 일반 백성들이 사용하는 도자류를 생산했던 곳은 경기도 부근의 여주와 이천지역이다. 오늘날 이 지역은 도자기를 특성화한 세계도자기엑스포를 매년 개최하여, 우수한 한국의 도자문화를 널리 알리는데 힘쏟고 있다. 많은 도자 예술인들이 이 지역에서 작품 활동을 하고 있다.

▌이천 설봉 공원의 이천도자센터 ▌

▌가마의 모형 ▌

1	2	3
4	5	6

1. 도자기를 굽는 가마의 실제 모습   2. 여러 가지 모양의 도자기
3. 전시 중인 도자기   4. 송국리형 토기, 국립중앙박물관 201007-265
5. 청자모란넝쿨무늬 조롱박모양 주전자, 국립중앙박물관 201007-265
6. 백자구름용무늬 항아리, 국립중앙박물관 201007-265

토기와 고려청자 그리고 조선백자

■ 토기와 자기의 차이?

 토기는 흙을 빚어 불에 구워 만든 것이라면 자기는 흙으로 빚은 뒤 표면에 유약을 발라 불에 구워낸다는 차이가 있습니다.

■ 청자와 백자의 차이?

 먼저 청자는 고려시대의 대표적인 자기이며, 백자는 조선시대의 대표적 자기라는 시기적 차이가 있습니다. 그 다음으로는 청자는 흙 속에 있는 철성분으로 인해 푸른 색채를 띠고, 백자는 순백색을 띤다는 차이가 있다. 다음으로는 온도 차이입니다. 청자는 1,200도에서 그리고 백자는 1,300도에서 구워집니다.

109

■ 상감청자와 고려청자는?

　고려시대의 청자 중 상감으로 문양을 만들어 구워낸 자기를 일컫는 용어입니다. 상감이란 방법은 이미 중국에서 사용한 것이지만 이것을 도자기에 응용한 것은 고려가 처음입니다. 고려청자가 유명한 곳으로는 강진과 부안입니다.

※ 단어 학습 ※

1. 보기 단어의 뜻풀이로 적당한 것을 찾아 이으시오.

중심축　유유히　관통하다　선사　신석기　쟁탈　뱃길

(1) 중심축　　　　• 서로 다투어 빼앗음.

(2) 유유히　　　　• 사물의 한가운데나 복판을 지나가는 축.

(3) 관통하다　　　• 꿰뚫어서 통함.

(4) 선사　　　　　• 배가 다니는 길.

(5) 신석기　　　　• 역사 이전.

(6) 쟁탈　　　　　• 움직임이 한가하고 여유가 있고 느리다.

(7) 뱃길　　　　　• 돌을 갈아서 정교하게 만든 석기.

2. 보기에서 빈 칸에 들어갈 단어를 찾아 쓰시오.

지류　관요　번성하다　유약　수도　공존　발원지

(1) 토기와 달리 자기는 (　　　)을/를 발라 뜨거운 불에 구워 만든 것으로, 경기도 광주와 여주, 이천 지역에 가마터들이 집중돼 있다.

(2) (　　　)에서 생산되는 도자류는 주로 황실을 위한 것들이었으며 오늘날 경기도 광주 지역에서 생산하였다.

(3) 한강 상류의 큰 (　　　)(으)로는 북한강과 남한강이 있으며, 서울을 중심으로 양재천, 중랑천, 탄천 등의 (　　　)들도 있다.

(4) 그리스, 로마 시대에는 고대 문화가 (　　　).

(5) 동양 사상에서의 인간과 자연은 투쟁, 대립의 의미라기보다는 서로의 조화를 꾀하는 (　　　)의 관계로 파악하고 있다.

(6) 한 나라의 (　　　)은/는 정치, 경제, 문화, 사회, 금융의 중심지이다.

(7) 태백산은 한강의 (　　　)이다.

3. 보기 단어의 뜻풀이로 적당한 것을 찾아 이으시오.

```
기적   우뚝   젖줄   구석기   거론하다   거슬러   형성   천도
```

(1) 기적   • 두드러지게 높이 솟아 있는 모양.

(2) 우뚝   • 어떤 형상을 이룸.

(3) 젖줄   • 세월을 타고 올라가다.

(4) 구석기   • 필요한 것을 가져다주는 중요한 수단을 비유적으로 이르는 말.

(5) 거론하다   • 상식으로 생각할 수 없는 기이한 일.

(6) 거슬러   • 어떤 사항을 논제로 삼아 제기하거나 논의함.

(7) 형성   • 도읍을 옮김.

(8) 천도   • 인류가 만들어 쓴 뗀석기.

4. 보기에서 빈 칸에 들어갈 단어를 찾아 쓰시오.

```
도자기   만끽하다   빚다   상감   찬란하다   후보지   일컫다
```

(1) 연극이나 뮤지컬 등을 마음껏 (   )(으)려면 대학로의 소극장을 찾으면 된다.

(2) 한국의 대표적인 (   )(으)로는 고려의 청자, 조선의 백자를 들 수 있다.

(3) 우리의 (   ) 문화유산인 불국사, 석굴암, 수원 화성, 창덕궁, 조선의 왕릉, 고인돌 등은 세계문화유산으로 등록되어 보호를 받고 있다.

(4) 고려의 청자에 특별한 문양을 새겨 넣는 기술을 (   )이라 한다.

(5) 예로부터 우리나라는 동방예의지국이라고 (   ).

(6) 흙 따위의 재료를 어떤 형태로 만드는 것을 (   )라 한다. 또는 추석의 송편도 (   ).

(7) 한국의 평창은 다음 동계올림픽의 (   )(으)로 거론되고 있다.

❂ 내용 확인 ❂

① 다음의 질문에 알맞은 내용을 찾아 쓰시오.

(1) 서울을 상징하는 대표적인 자연물에 어떤 것이 있는지 설명하시오

(2) 청자와 백자의 차이에 대해 아는 바를 설명하시오

(3) 한강의 발원지와 지류에 대해 설명하시오

② 다음을 읽고 내용과 일치하면 ○, 아니면 ×, 모르면 △ 표를 하시오.

(1) '한강의 기적'은 한강 수질이 깨끗함을 의미한다. (   )

(2) 서울은 고조선 건국 이후 쭉 수도의 역할을 했다. (   )

(3) 서울은 한강을 중심으로 강남과 강북으로 구분한다. (   )

(4) 도자기 생산으로 유명한 곳은 경기도 광주와 이천으로 각각 관요와 민요의 주된 생산지였다. (   )

(5) 흙으로 빚은 뒤 유약을 발라 불에 구워낸 것을 토기라 한다. (   )

③ 아래 사진을 보고 각각의 차이점에 대해 이야기해 보자.

❘옛 백제 성곽인 몽촌토성에서 발굴된 토기❘

❘도요지에서 발굴 전시 중인 자기❘

❈ 활 용 ❈

① 한강의 중요성에 대해 이야기해 보고, 역사적 변천사에 대해 서술하시오.

② 한국의 시대별 수도의 변천에 대해 조사해 보고, 서술하시오.

3부 한국의 고통음문화

01 대중교통의 지하철

○ 아래 교통수단으로 어디를 갈 수 있을까요?

▋서울 도심을 힘차게 달리는 지하철(중앙선)▋

▋지하철 2호선 내부▋

❊ 학습 내용 ❊

오늘날 지하철은 출·퇴근 시간의 대표적인 교통수단이 되었으며, 바쁜 도시인들을 위해 여러 가지 편의시설을 갖추면서 대중의 사랑을 받고 있다.

◆ 한국의 대표적인 대중 교통수단인 지하철의 장점을 이해할 수 있다.
◆ 서울 지하철 노선의 특징 및 볼거리에 대해 이해할 수 있다.
◆ 지하철을 이용하여 원하는 곳을 갈 수 있고, 여러 가지 편의시설을 이용할 수 있다.

① 상황회화

A : 마이클 씨, 남한산성을 가려면 어디에서 내려야 해요?

B : 분당선 복정역에서 내리세요. 그리고 모란 방향의 8호선으로 갈아 탄 후 남한 산성역에서 내리면 돼요.

A : 남한산성은 역에서 가까워요?

B : 아니요. 4번 출구로 나와서 버스로 바꿔 타야해요. 버스를 타고 한 10분 정도 만 가면 돼요.

A : 네, 고마워요. 그런데 제가 지금 쇼핑을 해서 짐이 많은데 어떻게 가지고 다닐 까 걱정이예요.

B : 걱정하지 마세요. 지하철 역에는 여러 가지 편의시설이 갖추어져 있는데, 물품 보관함에 짐을 보관했다가 나중에 올 때 찾으면 편리해요.

② 한국의 지하철

지하철은 산업화와 함께 인구가 도시로 급격히 이동하면서 자동차의 증가로 인한 도시교통 혼잡 등을 해소하기 위해 세계 각 도시에 건설되었다.

한국도 1971년 지하철 건설을 시작으로 하여 현재 수도권, 부산, 대구, 대전, 광주 시민들의 안전하고도 편안한 교통수단이 되고 있다. 특히 고유가 시대에 도시 서민들의 자가용 대체 수단으로서 각광을 받고 있다.

③ 도시별 지하철

현대인의 대표적인 교통수단이 되어버린 지하철의 노선도와 대표적 명소 그리고 지하철 요금체계와 이용방법에 대해 살펴보기로 하자.

● 수도권(1호선-9호선, 인천선/분당선/중앙선/공항선, 경의선)

1호선의 시청역 앞에는 서울시청이 있으며, 넓은 광장이 눈앞에 펼쳐져 있다. 그리고 12번 출구를 통해서는 조선시대 궁궐로 사용되었던 덕수궁과 연인이 길을 걸으면 사랑이 이루어진다는 덕수궁 돌담길을 만날 수 있다. 또 그 반대쪽인 4번 출구에서는 청계천의 시원한 물길과 아름다운 야경을 만끽할 수 있다.

▌덕수궁의 대한문 ▌

▌연인들의 추억, 덕수궁 돌담길 ▌

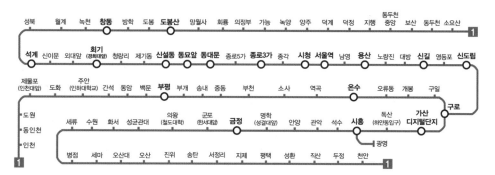
▌서울 지하철 1호선 노선표 ▌

서울 시내를 순환하는 2호선은 서울 소재의 대학과 관련한 곳이 많다. 건국대, 경기대, 교대, 서울대, 연세대, 이화여대, 한양대, 홍익대가 있다. 또한 쇼핑의 대명사라 할 수 있는 동대문, 남대문 시장도 이용할 수 있으며, 24회 서울올림픽의 종합운동장 및 무역센터(코엑스) 등도 이용할 수 있다.

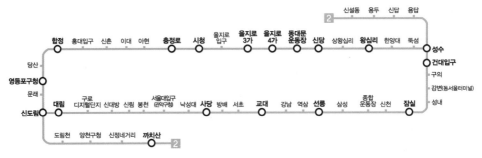

┃ 서울 지하철 2호선 노선표 ┃

낙성대는 어떤 대학이에요?

Q: 2호선은 대학들이 많은 노선인데 낙성대는 처음 들어보는 대학이에요. 이곳은 어떤 곳인가요?

A: 네, 이곳은 대학이 아니고 '별이 떨어진 장소'라는 의미로 낙성대라고 불러요. 혹시 여러분 나라에서도 별이나 유성 등이 떨어지는 것을 보면 길조라고 생각하지 않나요? 예전 별이 떨어진 이곳에 어떤 아이가 태어났는데, 그 분이 훗날 유명한 강감찬 장군이에요. 이곳은 그 분을 기념하기 위해 지은 곳이에요.

강감찬 장군(948-1031)은 고려의 장군으로서 거란의 침입을 여러 차례 막아 나라와 백성들의 목숨을 지킨 인물입니다.

┃ 강감찬 장군 사적비 ┃

┃ 힘찬 기상의 장군 동상 ┃

┃ 낙성대 삼층석탑 ┃

3호선은 한국의 지난 역사를 확인할 수 있는 곳이 많이 있다. 먼저 조선시대의 제일궁인 경복궁을 비롯해 별궁인 창덕궁 그리고 한국 전통의 거리인 인사동을 볼 수 있으며, 한국 역사의 가장 아픈 순간을 확인할 수 있는 독립문역(독립문, 서대문 형무소)이 있다. 서울타워(동대입구역)와 남산골 한옥마을(충무로역) 그리고 한국 예술의 대명사인 예술의 전당(남부터미널역)도 이용할 수 있다.

▌경복궁 수문장 교대식 ▌

▌남산골 한옥마을 전경 ▌

▌예술의 전당. 오페라 하우스 ▌

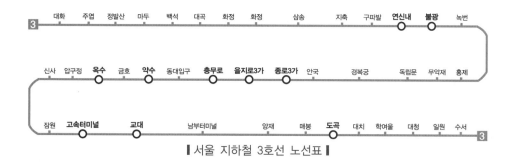
▌서울 지하철 3호선 노선표 ▌

4호선을 이용해서는 국립중앙박물관과 서울랜드 및 대공원을 찾을 수 있으며, 서울역에서는 기차를 이용해 전국 어디든지 갈 수 있다. 또한 남대문 시장(회현역) 및 인근의 명동에서 쇼핑을 할 수 있으며, 대학생들에게 낭만의 장소로 알려진 대학로와 마로니에 공원도 갈 수 있다.

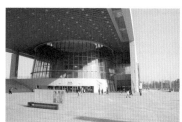
▌국립중앙박물관 ▌

▌서울의 도심. 명동 ▌

▌문화 거리, 대학로 공연 포스터 ▌

121

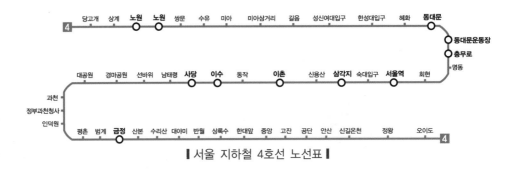

┃ 서울 지하철 4호선 노선표 ┃

지하철 5호선은 여의도를 가는데, 이곳에서 한국의 금융(은행과 증권)과 정치(국회)의 진수를 맛볼 수 있으며, 한국의 방송을 이끌고 있는 KBS, MBC를 확인할 수 있다. 또한 올림픽공원역에서는 서울올림픽 대회의 모습과 옛 백제문화의 흔적을 확인할 수 있다.

┃ 올림픽공원의 호수 ┃   ┃ MBC 문화방송국 ┃   ┃ KBS 방송국 ┃

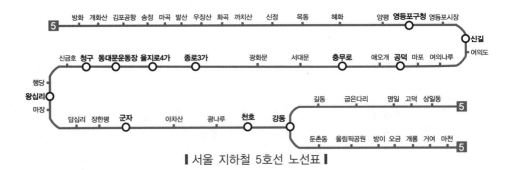

┃ 서울 지하철 5호선 노선표 ┃

지하철 6호선은 2호선처럼 서울의 여러 대학들, 그리고 동대문, 남대문 시장과 어깨를 나란히 할 정도로 외국인 관광객에게 유명한 이태원을 통과한다. 그리고 2002년 월드컵의 뜨거운 함성을 확인할 수 있는 월드컵 경기장과 인근 주민들의 휴식처인 하늘공원을 이용하기에 편리하다.

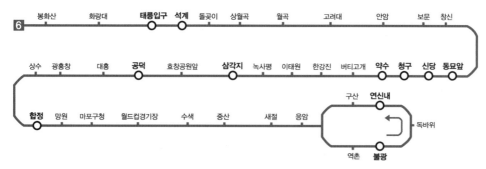

▌서울 지하철 6호선 노선표 ▌

▌하늘공원 이정표 ▌ ▌하늘공원에서 내려다 본 월드컵 경기장 ▌ ▌오후 복잡한 거리의 동대문 시장 ▌

▌서울 지하철 7호선 노선표 ▌

7호선은 어린이대공원과 여러 대학(건국대, 서울산업대, 성공회대, 세종대, 숭실대, 중앙대) 그리고 서울 외곽의 도봉산을 갈 수 있다.

8호선에서는 옛 삼국시대의 백제문화를 확인할 수 있는 풍납토성과 몽촌토성, 병자호란의 아픈 역사를 간직한 남한산성이 대표적인 볼거리다.

암사　천호　강동구청　몽촌토성　잠실　석촌　송파　가락시장　문정　장지　복정　산성　남한산성입구　단대오거리　신흥　수진　모란

▌서울 지하철 8호선 노선표 ▌

▌백제의 성곽, 몽촌토성 ▌

▌남한산성 내의 행궁 ▌

▌풍납토성 ▌

공항선은 명칭 그대로 한국에서 국내·외 여행을 위해 항공기를 탑승할 수 있는 김포공항과 인천 국제공항을 이용할 수 있는 노선이다.

김포공항　계양　검암　운서　공항 화물청사　인천 국제공항　공항철도

▌공항선 노선표 ▌

▌수도권 최대 민속장인 모란장 ▌

분당선은 분당의 신도시 거주민들이 서울 도심 지역으로 신속하게 이동할 수 있기 위해 건설된 노선으로 최근 용인 신도시가 건설되면서 노선이 확장되었다. 경원대를 포함해 한국 민속 5일장인 모란장이 열리는 모란역을 이용할 수 있다.

분당선　선릉　한티　도곡　구룡　개포동　대모산입구　수서　복정　경원대　태평　모란　야탑　이매　서현　수내　정자　미금　오리　죽전　보정　분당선

▌서울 지하철 분당선 노선표 ▌

❷ 그 외 도시의 지하철

부산(1호선－3호선) : 부산교통공사 http://www.subway.busan.kr/

대구(1호선－2호선) : 대구도시철도공사 http://www.dtro.or.kr/

대전(1호선) : 대전광역시 도시철도공사 http://www.djet.co.kr/

광주(1호선) : 광주광역시 도시철도공사 http://www.gwangjusubway.co.kr/

❸ 지하철 요금 제도

	교통카드	1회권
일반	기본운임 10km까지 : 900원 추가운임 : 10km초과~40km까지 : 5km마다 100원 　　　　　40km초과시 : 10km마다 100원	교통카드 운임에 100원 추가
청소년	일반운임의 20% 할인(기본운임 720원)	할인 없음 (1회권 일반 운임 적용)
어린이	일반운임의 50% 할인(기본운임 450원)	1회권 일반운임의 0%(500원)

지하철에서의 에티켓

[공중도덕]

1. 노약자 · 장애인석은 노약자 · 장애인을 위하여 비워 둡시다.

2. 차내에서 휴대전화기와 호출기는 진동모드로 휴대하고 부득이 통화시에는 작은 소리로 통화합시다.

3. 카세트 청취는 다른 사람에게 들리지 않도록 작은 소리로 청취합시다.

4. 차내에서 뛰거나 큰소리로 떠들지 맙시다.

5. 차내가 혼잡할 때에는 신문을 보거나 다리를 포개고 앉아 다른 사람에게 불편을 끼치는 일이 없도록 합시다.

6. 정당한 승차권을 구입합시다.

7. 노약자 및 장애인을 위해 일반인 엘리베이터 사용을 자제합시다.

[안전사고 예방]

1. 출입문이 닫힐 때에는 무리하게 승차하지 말고 다음 열차를 이용합시다.

2. 에스컬레이터 이용시에는 손잡이를 꼭 잡으시고 뛰거나 장난치지 맙시다.

3. 열차 출입문에 기대거나 손을 짚으면 다칠 위험이 있으니 삼가 합시다.

4. 열차에 타고 내리실 때에는 승강장과 열차사이 발이 빠지는 일이 없도록 주의하시기 바랍니다.

[질서계도]

1. 열차를 기다릴 때에는 좌·우측에 한 줄로 서서 기다립시다.

2. 내리는 사람이 먼저 내린 후 승차합시다.

*서울도시철도 지하철 이용정보 인용

③ 지하철 이용방법과 편의시설

지하철을 처음 이용할 때 역명, 방향, 출구 등을 몰라 당황할 수 있다. 또한 지하철에서 물건을 잃어버렸을 때 어디로 찾아가야 하는지, 어떠한 편의시설을 갖추고 있는지 등을 알아보자.

❶ 지하철의 이용방법

지하철을 이용하기 위해서는 먼저 표를 사야 한다. 그리고 그 표를 개찰구 투입구에 넣은 후 통과된 표를 빼서 가지고 간다. 지하철을 타고 목적지에 도착해서 표를 투입구에 넣고 나오면 된다. 아래의 사진과 같다.

▌지하철 개찰구(입구)▐

표를 끊는다.	
[매표소 창구 이용] 가고자 하는 목적지역 이름을 말하고 요금을 지불하면 표를 준다. * 현재 창구 매표는 폐쇄	[무인발권기 이용] 목적지 역의 노선을 누른 후 해당금액을 투입구에 넣으면 발권이 된다.

▌지하철 승·하차 ▌

지하철을 탄다.	
본인이 가고자 하는 역의 방향을 반드시 확인한 후 지하로 내려가야 한다.	목적지까지 지하철을 갈아타지 않을 경우도 있으나 환승해야 할 때가 많다.

▌지하철 개찰구(출구) ▌

출입구로 나온다.	
출구로 나와 투입구에 표를 넣고 통과해 나온다.	가고자 하는 방향의 번호 출입구를 찾아 나온다.

❷ 지하철의 편의시설

현대의 바쁜 도시인들에게 지하철은 없어서는 안 될 중요한 교통수단이다. 따라서 시민들이 지하철을 이용하는 데 있어서 조금의 불편이 없도록 여러 가지의 편의시설을 갖추고 있다.

▌지하철의 문화공연 ▌

✔ 문화공간

바쁜 생활에 쫓기는 현대인들을 위해 몇몇 역에서는 문화행사 및 이벤트를 진행하기도 한다. 이곳에서 공연을 희망하는 사람이면 누구나 신청과 오디션을 통해 공연을 할 수 있을 뿐만 아니라 공연을 무료로 관람할 수도 있다. 이러한 상설공연장은 광화문역, 공덕역, 월드컵경기장역, 이수역, 노원역 5곳에 있다. 이들 역 외에도 다양한 공연 및 전시회 등이 개최된다.

✔ 유실물센터

지하철을 이용하다가 물건을 잃어버리면 유실물센터로 연락을 해야 한다.

공사	호선	역명	연락처
서울메트로	1,2호선	시청역	02-6110-1122
	3,4호선	충무로역	02-6110-3344
도시철도공사	5,8호선	왕십리역	02-6311-6765~8
	6,7호선	태릉입구역	02-6311-6766~7
코레일		구로역	02-869-0089
		대곡역	031-965-8516
		성북역	02-917-7445
		안산역	031-491-7790
		선릉역	02-568-7715
		병점역	031-234-7788
인천지하철도	인천선	부평구청역	032-451-3650
공항철도		김포공항역	032-745-7777

*서울메트로 인용

그리고 유실물센터의 이용시간은 다음과 같다.

〔이용 시간 안내〕
■ 평　일 : 09:00 ~ 18:00(동절기 17:00)
■ 토요일 : 휴무(토,일, 공휴일 및 이용시간 외에는 유실물센터소재 역무실로 문의)

✔ 그 외 편의시설

지하철역에는 이용자의 편의를 위해 에스컬레이터, 엘리베이터 그리고 화장실 및 자전거보관소와 환승주차장 등이 설치되어 있다.

▐ 지하철 편의시설, 에스컬레이터 ▐　　　　▐ 엘리베이터 ▐

※ 단어 학습 ※

1. 보기 단어의 뜻풀이로 적당한 것을 찾아 이으시오.

빠듯하다 고유가 각광 청취 닫히다 명소 발권 역무실

(1) 빠듯하다 　　　　　 • 지폐 또는 돈이나 물품과 교환할 수 있는 종이로 된
　　　　　　　　　　　증서를 발행함. 또는 그런 일.

(2) 고유가 　　　　　　 • 사회적 관심이나 흥미. '주목'으로 순화.

(3) 각광 　　　　　　　 • '닫다'의 피동사.

(4) 청취 　　　　　　　 • 경치나 고적 따위로 널리 알려진 곳. '이름난 곳'으로
　　　　　　　　　　　순화.

(5) 닫히다 　　　　　　 • 『…에』『-기에』 어떤 정도에 겨우 미치다.

(5) 명소 　　　　　　　 • 기름값이 비싸다.

(6) 발권 　　　　　　　 • 의견, 보고, 방송 따위를 들음.

(7) 역무실 　　　　　　 • 역무원들이 일을 보는 방.

2. 보기에서 빈 칸에 들어갈 단어를 찾아 쓰시오.

편의시설 대체 운임 자제하다 짚다 끊다 환승 유실물센터 에스컬레이터

(1) (　　　　)에서는 걷거나 뛰면 안 된다.

(2) 분실한 핸드폰을 다행히도 지하철 (　　　)에서 찾았다.

(3) 법정 공휴일과 일요일이 겹치면 다른 날 쉬는 (　　　) 공휴일이 검토 중이다.

(4) 비행기나 기차를 타기 위해서 표를 (　　　).

(5) 그는 현기증이 나서 그만 두 손으로 땅을 (　　　).

(6) 호텔에는 당구장, 노래방, 연회장까지 다양한 (　　　)이/가 있다.

(7) (　　　) 제도가 생기면서 교통비를 절약할 수 있게 되었다.

(8) 빈혈이 있을 때는 특히 음주를 (　　　) 한다.

(9) 스위스는 철도 (　　　)이/가 매우 비싼 나라 중의 하나다.

※ 내용 확인 ※

☐ 다음의 질문에 알맞은 내용을 찾아 쓰시오.

(1) 각국의 지하철 건설의 필요성 및 이유에 대해 설명하시오

(2) 지하철에서 발생할 수 있는 안전사고에 대해 설명하시오

(3) 지하철의 이용방법과 절차에 대해 아는 바를 설명하시오

② 다음을 읽고 내용과 일치하면 ○, 아니면 ×, 모르면 △ 표를 하시오.

(1) 약속시간을 잘 지키기 위해서는 지하철을 이용하는 것이 좋다. (　　)
(2) 지하철 2호선을 타면 갈아타지 않고 남대문시장에서 쇼핑할 수 있다. (　　)
(3) 현재, 부산, 대구, 대전, 광주, 울산 등에 지하철이 건설 운영되고 있다. (　　)
(4) 지하철을 이용하기 위해서는 반드시 매표소에서 표를 구매해야 한다. (　　)
(5) 지하철에서 물건을 잃어버리게 되면 다시는 찾을 수 없다. (　　)

③ 아래의 사진은 지하철 이용과 관련된 것이다. 어떤 의미인지 이야기해 보자.

▌지하철 양보석 ▌

▌지하철 두 줄 서기 캠페인 ▌

※ 활 용 ※

① 지하철에서 반드시 지켜야 할 에티켓에는 어떤 것들이 있는지 조사해 발표해 보시오.

② 지금 위치에서 여러분이 가고자 하는 곳을 정하고 그곳까지 지하철을 이용하는 방법과 유명한 관광지에 대해 소개해 보시오.

02 대중교통의 버스와 택시

○ 이 버스는 일반버스와 어떤 점이 다를까요?

▌정차 중인 서울 시티 투어 버스▌　▌남산을 투어 중인 서울 시티 투어 버스▌

▧ 학습 내용 ▧

　지하철과 함께 대표적인 교통수단으로 버스와 택시를 들 수 있다. 이용 목적에 맞게 특정한 교통수단을 이용할 수도 있으며, 또는 여러 교통수단을 병행하기도 한다.

◆ 한국의 대중 교통수단으로서의 버스의 종류에 대해 이해할 수 있다.
◆ 대중교통 이용 장려를 위한 여러 가지 제도적 장치에 대해 이해할 수 있다.
◆ 한국의 택시를 목적에 맞게 선택하여 이용할 수 있다.

① 상황회화

A : 마이클 씨, 잠실에 가려고 하는데 어떻게 가면 좋을까요?

B : 무슨 약속이 있으세요?

A : 아니에요. 잠실에 서점이 있다고 해서 가보려고요.

B : 아, 네. 지금은 교통이 혼잡할 시간도 아니고, 또 지하철은 갈아타야 하니까 버스를 타면 편할 거예요.

A : 그런데, 버스는 시간이 많이 걸리지 않나요? 택시가 빠를 것 같은데.

B : 요즘은 그렇지 않아요. 도로의 중앙 차선을 버스전용차선이라 하는데, 버스를 이용하는 많은 사람들에게 편의를 주기 위해 다른 차량들의 진입을 허용하지 않아요. 그래서 막히지 않아요.

A : 아. 파란 색으로 그어진 차선을 말씀하시는군요.

② 한국의 버스와 종류

지하철과 함께 대중들의 다리가 된 버스. 버스를 이용하는 방법과 버스의 종류 그리고 교통이 혼잡한 현대 도시의 버스 이용객에 대한 여러 가지 편의 장치들에 대해 살펴보자.

▌버스 정류소 표지▌

▌버스를 기다리는 시민▌

▌여의도 공원 앞 버스 환승센터▌

❶ 한국의 버스

지하철과 마찬가지로 사람들이 가장 많이 이용하는 교통수단 중 하나가 버스이다.

지하철 또는 버스를 이용해 목적지에 가는 경우도 많지만 이 두 교통수단을 함께 이용해서 가는 경우도 흔하다. 지하철에서 버스로, 버스에서 지하철로 바꿔 타게 되는데 그 어느 경우에나 환승이라 한다.

> #### 환승제도와 요금할인
>
> 환승 시에는 교통요금을 할인해주는 제도가 있다. 환승에 따르는 요금을 할인받기 위해서는 반드시 교통카드(신용카드 포함)가 있어야 하며, 현금 승차시에는 해당하지 않는다. 그 절차는 다음과 같다.
>
> (1) 버스나 지하철을 교통카드로 이용한다. → (2) 내릴 때 교통카드를 카드 단말기에 갖다 댄다. → (3) 다른 교통수단(버스나 지하철)으로 갈아탄다.
>
> ※ 최초 이용한 후 2시간을 초과해서는 요금할인 혜택을 받을 수 없다.

❷ 버스의 종류

한국의 버스는 운행 지역이나 요금 그리고 거리라는 다양한 기준에 따라 일반버스, 광역버스, 마을버스, 좌석버스, 시외버스, 고속버스로 세분화된다.

1. 초록색의 지선버스
2. 파란색의 간선버스
3. 광역버스
4. 마을버스

✔ 일반버스

일반적으로 우리 주위에서 흔히 보며, 이용하는 버스다. 운행하는 지역이나 거리에 따라 다음과 같이 세분화된다.

간선버스는 서울 시내를 중심으로 먼 곳을 운행하는 버스이며, 차의 색깔은 파란색이다. 지선버스는 간선버스와 지하철을 연계하여 환승하는 지역 내 운행 버스로, 차의 색깔은 초록색이다. 순환버스는 수도와 수도 주위의 지역 내 업무, 쇼핑 등을 위해 운행하는 버스로, 노란색으로 되어 있다.

✔ 광역버스

일반버스와 달리 좀 더 고급스러운 차량으로 요금 또한 차이가 난다. 수도권과 수도권 주위를 운행하며, 일반버스보다 손님들의 편의를 위해 좀 더 많은 좌석을 갖추고 있다.

✔ 마을버스

일반버스나 광역버스보다 크기도 작을뿐더러 요금 또한 싸다. 이 버스는 주로 도시 중에서도 구 그리고 좁은 지역을 순환 운행한다. 대부분 지하철역이 먼 사람들이 이 마을버스를 타고 지하철역에서 지하철을 이용하는 경우가 많다.

✔ 고속버스

위의 세 버스가 어느 정도 가까운 지역 사이를 운행한다면 도시와 도시 사이를 오갈 때 이용하는 것이 고속버스이다. 이 버스는 고속도로를 이용하기에, 먼 곳을 빨리 가기에 편리하다. 장거리의 경우 휴게소에서 한 두 번의 휴식을 갖기도 한다.

✔ 시외버스

고속버스의 운행 지역보다는 짧고 나머지 기타 버스보다는 좀 긴 지역 사이의 운행을 특징으로 한다. 그러면서 중간 중간 손님들을 태우고 내리기 위해 정차도 한다.

	현금			버스카드		
	일반	청소년	어린이	일반	청소년	어린이
광역버스	1,800원	1,800원	1,200원	1,700원	1,360원	1,200원
간선버스	1,000원	1,000원	450원	900원	720원	450원
지선버스	1,000원	1,000원	450원	900원	720원	450원
순환버스	800원	800원	350원	700원	560원	350원
마을버스	700원	550원	300원	600원	480원	300원

✔ 서울시티투어버스

외국인 관광객뿐만 아니라 내국인이 서울의 궁궐이나 명소 그리고 유명 쇼핑타운 등을 버스로 즐기려면 서울시티투어버스를 이용하면 된다. 이 버스는 광화문을 기점으로 정해진 코스를 순환 운행하는 것으로 하루 1만원(야간 관광권은 5,000원)에 이용이 가능하다.

도로 위의 이 파란선은 무엇일까요?

일반 도로의 가장자리나 중앙 차선 그리고 고속도로의 1차로에 있는 이 파란선은 무엇일까? 다른 차선은 모두 흰 선으로 그려져 있는데 왜 그럴까?

이 선을 우리는 버스전용차선이라고 합니다. 즉 버스(일반적으로 12인승 이상의 승합차)만 통행할 수 있다는 뜻입니다. 버스가 아닌 차량이 버스전용차선을 통행하게 되면 불법이 되어 과태료를 물게 됩니다.

❚ 버스 중앙 차선 ❚

한국에서 버스전용차선 제도를 시행하게 된 이유는 운전자 혼자 운행하는 나홀로 운행자보다는 많은 사람들이 이용하는 대중교통 이용자들의 편의를 제공하고 그렇게 함으로써 자가용 승용차 이용을 조금이나마 줄이려는 의도였다. 동시에 자가용 이용이 줄어들면 자동차 매연으로 인한 환경오염도 줄일 수 있고, 석유수입국으로서의 경제적인 측면도 고려가 되었다.

▌자동차보유 변동 ▌

연도	자동차보유(대)	특징
1945	7,326	
1969	106,138	10만대
1985	1,113,430	100만대
1997	10,413,427	1,000만대
2004	14,934,092	
2009	1,733	*단위:1,000

② 한국의 택시와 종류

출·퇴근 시간대에 급한 약속이나 용무를 보기 위해 자주 이용하는 대중교통의 특징과 그 종류에 대해 알아보고, 나머지 교통수단과의 장·단점에 대해서도 살펴보기로 하자.

▌도로 ▌

연도	도로총연장 km	고속도로 km	도로포장률 %	자동차보유 대
1945	25,550	··	2.2	7,326
1955	26,508	··	2.4	18,356
1965	28,145	··	5.8	39126
1968	35,025	87	6.4	78,763
1975	44,885	1,142	223	193,927
1985	52,264	1,415	499	1,113,430
1995	74,237	1,825	760	8,468,901
2000	88,775	2,131	758	12,059,276
2002	96,037	2,778	767	13,949,440
2004	100,278	2,923	761	14,934,092
2008	104,236	3,447	785	16,794,219

■ 콜밴택시 ■

■ 모범택시 ■

■ 손님을 기다리는 일반택시 ■

❶ 한국의 택시

지하철, 버스와 달리 택시는 많은 사람들이 이용할 수 없으며 혼자 내지 서너 명의 사람들이 급한 일을 처리할 경우에 자주 이용하게 된다. 또는 지하철이나 버스로 이동하기가 곤란한 지역에서는 택시가 중요한 교통수단이 될 수 있다. 요금 또한 지하철과 버스보다는 상대적으로 비싸며, 거리와 시간에 따라 요금이 올라간다. 심야 시간에는 심야할증이라는 것이 있어 좀 더 비싸다.

❷ 택시의 종류

한국의 택시는 요금 체제와 서비스 정도 차이에 따라 일반택시와 모범택시로 나눌 수 있다. 또한 이용하는 사람이 많거나 대량의 짐과 함께 이동해야 할 경우에는 전화로 부르는 콜밴택시를 이용할 수 있다.

✔ 일반택시

도로에서 쉽게 볼 수 있는 일반적인 택시로 그 수효가 가장 많다. 일반택시도 차주에 따라 개인택시와 회사택시로 구분된다. 전자는 개인 소유의 택시로 운전으로 생활을 하는 경우이며, 후자는 회사 소유의 택시를 운전하며 기본급과 성과급으로 생활을 한다. 차종에 있어서는 준중형자가 대부분이다.

✔ 모범택시

일반택시와 달리 모범택시는 한국의 경제발전으로 인한 외국인들의 출입이 잦아지면서 그들에게 한국의 이미지 제고를 위한 한 방편으로 도입이 되었다. 운전자는 어느 정도의 외국어 실력을 갖추고 있으면서 손님에 대한 최상의 서비스를 제공하고 있다.

따라서 일반택시보다는 많은 요금을 지불해야 한다. 모범택시는 개인 소유의 택시로 운영되고 있으며, 차종 역시 고급형이다.

※ 단어 학습 ※

1. 보기 단어의 뜻풀이로 적당한 것을 찾아 이으시오.

소지 세분화 좌석 정차 물다 용무 할증 수효 제고

(1) 소지 • 사물이 여러 갈래로 자세히 갈라짐.

(2) 세분화 • 일정한 값에 얼마를 더함.

(3) 좌석 • 갚아야 할 것을 치르다.

(4) 정차 • 가지고 있는 일. 또는 그런 물건.

(5) 물다 • 앉을 수 있게 마련된 자리.

(6) 용무 • 낱낱의 수.

(7) 할증 • 쳐들어 높임.

(8) 수효 • 차가 멎음. 또는 차를 멈춤.

(9) 제고 • 볼일.

2. 보기에서 빈 칸에 들어갈 단어를 찾아 쓰시오.

운행 연계 순환 과태료 고려 심야 콜밴 준중형차

(1) 대학의 유사한 학과끼리 (   ) 전공을 개설하여 학생들의 취업을 돕고 있다.

(2) 배우자나 학과를 선택할 때에는 신중히 (   ) 결정해야 한다.

(3) 2010년 현재 지하철 분당선은 선릉역에서 보정역까지 (   ).

(4) 밤 늦은 (   ) 시간에 돌아다니면 위험하니, 일찍 집에 가거라.

(5) 지하철 2호선은 서울의 중요한 곳을 (   ).

(6) 무거운 짐이 많거나 다수의 인원이 움직일 때에는 (   ) 택시를 이용하는 것이 좋다.

(7) 고속도로나 일반도로의 버스전용차선을 지키지 않으면 (   )을/를 물어야 한다.

(8) 대형차와 중형차의 중간에 위치하는 것으로 (   )이/가 있다.

※ 내용 확인 ※

① 다음의 질문에 알맞은 내용을 찾아 쓰시오.

  (1) 버스전용차선은 무엇이며 장점에 대해 설명하시오

  (2) 택시의 종류에 대해 설명하시오

  (3) 일반버스의 종류에 대해 색깔별로 설명하시오

② 다음을 읽고 내용과 일치하면 ○, 아니면 ×, 모르면 △ 표를 하시오.

  (1) 요금이 비싼 교통수단으로는 택시-지하철-버스(광역)의 순이다. (　　)

  (2) 지하철과 버스 두 교통수단을 이용할 때 경제적 절약의 방법이 있다. (　　)

  (3) 버스의 경우 현금보다는 교통카드를 이용하게 되면 더 비경제적이다. (　　)

  (4) 버스전용차선을 지키지 않으면 불법은 아니지만 과태료를 물게 된다. (　　)

  (5) 한국처럼 석유가 생산되지 않는 곳에서는 에너지 절약 차원에서 자전거를 많이
     이용해야 한다. (　　)

③ 아래의 사진은 한국의 택시다. 관련한 내용에 대해 이야기해 보자.

┃일반택시┃　　　　　　　　　　┃모범택시┃

❈ 활 용 ❈

① 한국에서 버스나 택시를 타 본 경험이 있습니까? 혹시 이용할 때 불편했
던 점이 있었는지에 대해 이야기해 보시오.

② 버스는 시민들이 많이 이용하는 교통수단 중 하나로 정부에서도 다양한
정책으로 보조를 하고 있습니다. 구체적으로 어떤 것들이 있는지 알아보
시오.

03 철도와 항공 그리고 해운

○ 이곳에서 이용할 수 있는 교통수단은 무엇일까요?

❚ 김포공항의 야경 ❚

❚ 인천공항의 전경 ❚

▓ 학습 내용 ▓

　국내의 원거리 이동을 위해서 철로를 이용할 수 있으며, 해외나 섬 지역을 가기 위해서 공항이나 항만의 교통수단을 이용할 수도 있다.

◆ 인적·물적 운송과 관광산업에 미치는 철도 산업의 중요성을 이해할 수 있다.
◆ 교통수단이 아닌 관광(안보 관광 포함) 상품으로서의 철로 이용에 대해 이해할 수 있다.
◆ 한국의 항공 교통수단과 해상 교통수단에 대해 이해할 수 있다.

① 상황회화

A : 마이클 씨, 다음 주 경주로 문화체험을 가려는데, 같이 갈 수 있어요?

B : 그럼요. 예전부터 경주에 한 번 꼭 가보고 싶었는데, 기회가 없었어요. 일정은 어떻게 돼요?

A : 2박 3일이에요. 그리고 이번에는 기차를 이용해서 갈 예정이에요. 버스보다 좀 더 안전하고 비싼 항공보다는 좀 저렴하다는 장점이 있죠.

B : 정말 잘 됐어요. 지난 번 제주도에 가고 올 때 비행기와 배편을 이용해 봤는데, 아직 기차를 이용해 본 적은 없었거든요. 그런데 시간이 많이 걸리지 않을까요?

A : 요즘은 그렇지 않아요. 고속철(KTX)을 이용하면 일반 기차보다 비용은 더 들지만 아주 빨리 갈 수 있어요.

B : 그래요, 다음 주가 빨리 왔으면 좋겠어요. 벌써 마음이 흥분돼요.

② 기차 여행

▮새로운 서울역사 전경▮　　　▮정동진역을 떠나는 화물선▮　　　▮구 서울역사▮

현재 국내에서 원거리를 이동할 때 이용하는 보편적인 교통수단은 육상의 고속버스와 기차이며, 경우에 따라 항공의 비행기를 이용할 수 있다. 이 중 인적 및 물적 운송에 있어서 경제성, 효율성이 가장 높은 교통수단은 철도를 이용하는 것이다.

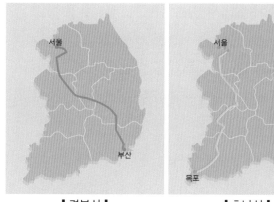

┃경부선┃   **┃호남선┃**

❶ 철도의 중심, 서울역(청량리역)

국내 철도의 중심지는 서울역이다. 이곳을 출발해서 한국의 제2 도시라 하는 부산까지 오가는 노선이 경부선이고, 서울에서 광주/목포까지의 노선을 호남선이라 한다. 이 외에도 지역과 지역을 이어주는 다양한 노선으로 국민들의 대중적인 운송수단으로 기능하고 있다.

그 밖의 일반 노선 중 주요한 것으로는 영동선(청량리－원주－제천－태백－동해－강릉) 그리고 대학생과 젊음의 상징처럼 된 경춘선(청량리－청평－가평－춘천), 중앙선(청량리－경주 등) 외 많은 노선이 있다.(*2010년 12월 21일 경춘선은 '상봉역－춘천역'을 잇는 복선전철로 개통되어 운영되고 있다.)

연말이나 연휴 등 관광객들의 편의를 제공함과 동시에 관광 수익의 제고 차원에서 특별히 운영하는 노선도 있다. 예를 들면 강원도 강릉이나 정동진의 일출을 보기 위한 열차 등이 그것이다.

2000년대 들어와 좀 더 신속한 이동을 위해 통상 200㎞(운행시 최고 시속 300km) 이상의 고속으로 주행하는 고속철을 경부선과 호남선에 도입해 운영하고 있으며 점차 다른 노선에도 확대 적용할 계획을 세우고 있다. 수도권에서 고속철을 이용하기 위해서는 서울역이나 용산역, 광명역으로 가면 된다.

❷ 기차가 달리지 않는 철도

철로는 기차가 달리기 위한 시설인데, 이 철로에 기차가 다니지 않고 자전거가 달리는 곳이 있다. 강원도 정선, 경북 문경의 레일바이크가 그것이다. 점차 기차 이용객의 수가 줄어들고 적자가 늘어나 운행이 중단된 곳을 관광객 유치에 적극 활용해 많은 사람들의 각광을 받고 있다.

한국전쟁과 남북 분단으로 서울과 신의주를 잇는 경의선은 기차가 달리지 못하는 노선이 되었다. 그러기를 수십 년 김대중, 노무현 대통령의 대북관계 개선에 따라 남북이 경의선 복구에 합의해 남측과 북측에서 각각 해당 지역의 공사를 맡았다. 그러나 신의주까지의 운행은 이루어지지 않고 남쪽에서는 현재 임진각역까지 가서 그 곳에서 신분확인 절차를 거친 후 도라산 역까지 갈 수 있다. 그러나 이 노선은 한반도의 통일이라는 미래에 남북을 가로지르는 중요한 노선이 됨과 동시에 중국과 러시아를 통해 유럽 대륙으로 진출할 수 있는 관문이 될 것이다.

❙ 철도 ❙

연도	철도총연장 (궤도 연장)	철도여객수송	철도화물수송	기관차보유
	km	1,000명	1,000M/T	대
1945	··	··	··	488
1955	··	57,278	10,368	526
1965	4,897	107,177	22,377	397
1975	5,619	220,952	42,758	539
1985	6,299	503,122	55,346	561
1995	6,554	790,380	57,469	580
2000	6,706	814,472	45,240	563
2002	6,845	983,266	45,733	579
2004	7,746	921,222	44,512	587
2008	··	1,018,977	46,805	576

▮끝없이 펼쳐진 철로▮

▮폐선된 철로를 관광자원화한 정선 레이크바일▮

▮바다와 인접해 있는 강원도 철로▮

③ 국내·외 운송수단의 항공과 해운

항공과 해운은 국내와 국외의 인적, 물적 운송수단이라는 공통점이 있다. 그러나 항공이 주로 인적인 수송의 교통수단이라면 해운은 물적 수송이 많은 비중을 차지한다는 차이가 있다.

❶ 국내·외의 항공 출발지, 김포와 영종도

▮공항을 이륙해 하늘을 나는 비행기▮

▮김포공항의 야경▮

▮인천공항으로 향하는 또다른 영종대교▮

서울을 포함한 수도권의 사람들이 비행기를 이용하기 위해서는 김포나 영종도의 공항을 이용해야 한다. 영종도의 건립 전에는 국내·외의 모든 비행이 김포에서 이루어졌다. 하지만 국내·외국인들의 공항 이용이 빈번해지고 국제적 수준의 공항의 필요성이 대두되면서 영종도 국제공항이 건립되었고, 2010년 인천국제공항은 국제공항협의회(ACI)의 공항서비스 품질 평가에서 5년 연속 최우수 공항상을 수

상했다.

영종도 국제공항이 신설되면서 여행자들의 편의와 출입국에 따르는 업무의 효율성을 위해 김포는 국내 여행이나 가까운 일본의 몇 지역만을 운행하는 공항으로 분리되었다.

❷ 국내 도서지역 및 중국(산둥성)의 해운

대한민국의 영토는 헌법에 '한반도와 그 부속도서'라 한다고 하였다. 도서지역의 거주민들이 육지로 나오기 위해서는 선박을 이용할 수밖에 없다. 물론 제주도처럼 특별한 도시는 제외하고 말이다. 즉 선박은 동쪽의 울릉도와 독도 그리고 남해와 서해에 수없이 펼쳐진 섬 주민들의 유일한 육지로의 이동수단인 것이다.

여객 선박이 국외로 오가는 노선은 현재 인천－중국 산둥, 평택－중국, 일본 등과 부산항의 여러 노선이 있다. 중국 간 노선은 주로 영세 무역을 하는 사람들과 한국에서 공부하는 중국 유학생들이 주 고객층이다.

오늘날 해운산업이 기업이나 국가의 경제에 미치는 영향은 매우 크다. 특히 한국의 조선업은 세계 1위의 자리를 굳건히 지키며 지역 주민들의 소득 증대와 지역의 발전 더 나아가 한국의 세계화에 이바지하는 바가 상당하다.

❚인천항의 전경❚

❚속초 여객선 터미널❚

❚부산 여객선 터미널❚

┃해운 및 항만┃

연도	항만하역능력 1,000M/T	해운여객수송 1,000명	해운화물수송 1,000M/T	등록선박 1,000G/T
1945	··	··	··	··
1955	··	··	3,916	··
1965	··	5,513	7,445	370
1975	30,021	5,956	46,683	1,566
1985	118,413	8,599	134,847	6,662
1995	285,200	9,097	443,569	6,332
2000	430,437	10,701	550,811	6,153
2002	486,510	10,713	615,555	7,638
2004	523,537	12,470	593,361	8,513
2008	758,615	16,698	··	14,707

※ 단어 학습 ※

1. 보기 단어의 뜻풀이로 적당한 것을 찾아 이으시오.

근거리 고속철 효율성 육상 노선 합의 건립 대두되다

(1) 근거리 • 서로 의견이 일치함. 또는 그 의견.

(2) 고속철 • 애쓴 노력과 얻어진 결과의 비율의 정도

(3) 효율성 • 어느 한 곳에서 다른 곳까지의 짧은 거리.

(4) 육상 • 빠르게 달리는 철도

(5) 노선 • 자동차 선로, 철도 선로 따위와 같이 일정한 두 지점을 정기적으로 오가는 교통선.

(6) 합의 • 어떤 세력이나 현상이 머리를 쳐들고 나타남.

(7) 건립 • 건물, 기념비, 동상, 탑 따위를 만들어 세움.

(8) 대두되다 • 뭍 위.

2. 보기에서 빈 칸에 들어갈 단어를 찾아 쓰시오.

해운 레일바이크 관문 빈번하다 영세 이바지 지불하다 편의

(1) 한국의 조선, (   )업은 세계적이다.

(2) 한국의 북부 지역은 대륙으로 통하는 (   ).

(3) 대기업 중심의 정부 정책은 (   )한 중소기업들을 더욱 어렵게 할 수 있다.

(4) 오늘날 한국 경제 성장은 정부, 기업 그리고 국민들의 (   )로 이룩된 것이다.

(5) (   )은/는 폐선된 철로를 자전거로 달리는 시설이다.

(6) 21세기 세계 각국은 이웃 나라와 교류가 (   ).

(7) 시장에서 물건을 구입하면 반드시 그에 해당하는 돈을 (   ).

(8) 지하철과 백화점에는 이용하는 고객을 위해 에스컬레이터와 엘리베이터 그리고 휴식공간 등의 다양한 (   ) 시설을 갖추고 있다.

▒ 내용 확인 ▒

1 다음의 질문에 알맞은 내용을 찾아 쓰시오.

 (1) '기차가 달리지 않는 철도'란 어떤 의미인지 설명하시오

 (2) 한국 철도의 대표적인 노선과 주요 경유지에 대해 설명하시오

 (3) 철도와 달리 교통수단으로서의 항공과 해운의 장점을 설명하시오

2 다음을 읽고 내용과 일치하면 ○, 아니면 ×, 모르면 △ 표를 하시오.

 (1) 국내에서의 인적·물적 운송에 있어서 경제성, 효율성이 높은 교통수단은 철도
   를 이용하는 것이다. (   )
 (2) 경춘선은 대학생들의 추억과 낭만이 깃든 곳을 경유한다. (   )
 (3) 수도권에서 KTX를 이용하려면 청량리역으로 가면 된다. (   )
 (4) 향후 통일 한국이 대륙으로서 진출을 위해서서 철도 산업이 중요하다. (   )
 (5) 제주도 지역으로 가는 교통수단은 항공편이 유일하다. (   )

3 아래의 도표는 KTX와 새마을호의 이동 시간을 나타낸 것이다. 서로 비교
 하여 이야기해 보자.

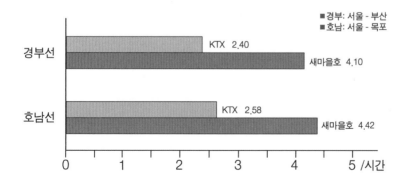

﹟ 활 용 ﹟

① 여러분은 고국에 갈 때 어떤 교통수단을 이용해 보았습니까? 각 교통수
단의 장점과 단점에 대해 쓰시오.

② 앞으로 한국이 북한과 통일이 된다면 교통수단에 어떠한 변화가 일어날
까요? 그리고 그러한 교통수단의 변화가 끼치는 영향에 대해 쓰시오.

4부 | 한국의 교육문화

01 한국 교육제도의 현황

○ 이곳은 대학원입니다. 대학의 학문과 무엇이 다를까요?

▌경원대학교 대학원의 설경 ▌

▌대학, 대학원 전공서적 ▌

※ 학습 내용 ※

　우리는 살아가기 위한 많은 것들을 배우게 된다. 가정교육을 통해 기초적인 생활예절을 배우며, 공공의 학교 교육을 통해서 전문적인 지식 또한 습득한다.

◆ 한국의 교육제도와 체제에 대해 이해할 수 있다.
◆ 한국 사회구조에 맞물려 있는 뜨거운 입시열(교육열)에 대해 이해할 수 있다.
◆ 한국의 전통적인 교육에서의 가정교육의 중요성에 대해 이해할 수 있다.

① 상황회화

A : 인간이 인간다운 생활을 하기 위해서 필요한 교육에는 뭐가 있을까요?

B : 어렸을 때는 집안에서의 올바른 가정교육이 중요한 것 같아요. 한국 속담에 "세 살 버릇 여든까지 간다" 하잖아요.

A : 가정교육 못지않게 학교교육 또한 중요하죠. 우리가 한 평생 살아가는 기본적인 내용의 대부분을 이를 통해 배우게 되니까요.

B : 선생님, 혹시 한국만의 특별한 교육체계가 있을까요?

A : 한국의 교육은 다른 나라처럼 초등·중등·고등교육으로 구성되어 있으며, 일반적으로 6-3-3-4 체계로 되어 있어요.

B : 요즘과 같이 급속도로 변화하는 사회에서는 고등교육만으로도 부족하여 평생교육의 장으로 이어지는 것 같아요.

② 한국 교육의 체계

현행 한국의 교육제도는 초등학교 6년, 중학교 3년, 고등학교 3년, 대학교 4년을 기간으로 하고 있다.

▌학령이 안 된 어린이를 위한 교육시설, 유치원▐

▌유치원 7세반의 졸업식 모습▐

❶ 한국의 초·중등교육

공식적인 학교 교육은 초등학교에서 시작하는데, 1학년 기준으로 8세 어린이가 입학 후 6년의 과정을 마치는 것으로 구성된다. 이 과정은 자라나는 새싹들을 위한 교과과정으로 신체적, 정신적, 사회적, 정서적, 지적 영역의 균형된 교육을 그 특징으로 한다.

13세의 초등학교 졸업생은 무시험으로 3년 과정의 중학교 교육과정으로 진학을 하게 된다. 대부분 주로 학생이 거주하는 곳의 인근 중학교로 배정을 하는데, 특수목적학교를 진학하면 조금 멀리 떨어진 지역도 가능하다. 이 과정은 이미 습득한 초등교육과 향후 습득할 고등교육의 가교적 역할을 하게 된다.

현재 한국의 초·중등교육은 의무교육으로서 전액 국가의 지원으로 이루어진다.

┃분당 신도시의 초등학교 전경┃ ┃초등학생의 예·복습┃ ┃초등학교의 인조 잔디 운동장┃

❷ 한국의 중등교육(고등학교)

중학교 졸업 후 진학하는 최상위 의무교육기관은 3년제로 구성되어 있는 고등학교이다. 이는 고등학교 교육을 마치고 곧바로 직업 전선에 뛰어드는 경우도 있고 또는 좀 더 체계적이고 전문적인 학문을 위해 대학 진학을 계획하는 과정이기에 학생 개개인의 능력이나 적성을 고려한 교육이 필요한 시기이다.

한국의 고등학교는 교육목적의 차이에 따라 인문계, 실업계, 특수목적고로 구분된다. 인문계는 대학진학을 목적으로 함에 비해, 실업계는 직업교육이라는 특수성이 있으며, 특수목적고는 명칭 그대로 특수한 목적의 고등학교로 다시 외국어고,

과학고로 구분된다.

▌학교수 변화▌

연도	초등학교	중학교	고등학교	대학교 / 대학원
	(개소)	(개소)	(개소)	(개소)
1945	2,384	‥	155	19
1955	4,171	949	546	53
1965	5,125	1,208	701	107
1975	6,367	1,967	1,152	154
1985	6,519	2,371	1,602	301
1995	5,772	2,683	1,830	552
2005	5,646	2,935	2,095	1,224
2006	5,733	2,999	2,144	1,226
2007	5,756	3,032	2,159	200/1,042
2008	5,813	3,077	2,190	197/1,055

▌학생수 변화▌

연도	초등학교	중학교	고등학교	대학교 / 대학원
	(1,000명)	(1,000명)	(1,000명)	(1,000명)
1952	2,370	303	123	32
1955	‥	‥	‥	‥
1965	4,941	751	427	109
1975	5,599	2,027	1,123	223
1985	4,857	2,782	2,153	1,000
1995	3,905	2,482	2,158	1,300
2005	4,023	2,011	1,763	2,142
2006	3,925	2,075	1,776	2,162
2007	3,830	2,063	1,841	2,115/296
2008	3,672	2,038	1,906	2,129/301

❸ 한국의 고등교육

고등교육의 대표 기관인 대학과 대학원 과정의 관계와 한국의 대학 진학제도에 대해 알아보기로 한다.

▌대학원(경원대) 전경 ▌

▌한국학 연구의 메카. 한국학중앙연구원 표지석 ▌

▌대학로의 한국방송통신대학교 ▌

✔ 학부 과정

고등학교를 졸업하고 진학하는 대학은 보통 4년제의 일반대학을 중심으로 2년제의 전문대학으로 구분된다. 그리고 특수한 목적의 대학으로는 교원을 양성하는 별도의 교육대학과 일반 대학 내의 단과대학으로서 사범대학이 있다. 그리고 직장인이나 주부 등 일반 대학에서의 교육 기회를 가지지 못한 사람들을 위해 온라인과 오프라인 교육을 병행하는 한국방송통신대학이 있는데, 최근에는 일반 고등학교 졸업생의 입학도 늘어나고 있다.

✔ 대학원 과정

학부 과정에 이은 전문 과정의 교육은 보통 2년의 석사와 3년의 박사과정으로 이어진다. 대학원 진학을 하기 위해서는 학·석사 학위를 지니고 있거나 법률로써 동등 학력이 인정되는 자이어야 한다. 진학에 별다른 제약은 없지만 동등 계열의 학·석사 학위자가 아닐 경우 선수과목이라는 제도에 따라 필요한 기초적인 전공 과목들을 이수해야만 한다.

✔ 대학의 진학

대학에 입학하기 위해서는 고등학교를 졸업하거나 고등학교 졸업과 동등한 학력이 있어야 한다. 또한 대부분의 대학에서는 대학수학능력시험과 고등학교 내신성적을 기준으로 삼아 선발한다. 그러나 대학 진학을 위한 사교육의 문제점을 해결하기 위해 각 대학에서는 다양한 방법의 신입생 선발 제도를 도입하고 있다. 그 대표적 사례가 '입학사정관' 제도이다.

┃취학 진학률┃

연도	초등학교(%)	중학교(%)	고등학교(%)	대학교(%)
1960	90.1	‥	‥	‥
1965	‥	54.3	69.1	32.3
1975	103.2	77.2	74.7	25.8
1985	‥	99.2	90.7	36.4
1995	98.2	99.9	98.5	51.4
2005	98.8	99.9	99.7	82.1
2006	99	99.9	99.7	82.1
2007	99.3	99.9	99.6	82.8
2008	99.0	99.9	99.7	83.8

한국 대학의 전형 방법

■ 정시와 수시

정시는 수능시험을 치러 시험점수를 가지고 원하는 대학에 접수하고 심사를 거쳐서 대학에 진학하는 것이다. 수시는 1차와 2차로 나눠져 있으며, 고교 내신성적 위주로 평가하여 대학생을 뽑는다.

■ 일반전형과 특별전형

┃대학수능고사장 전경┃

일반전형은 모든 학생을 똑같은 기준 하에서 일반적으로 평가하고 뽑는다. 특별전형은 특별한 분야를 잘하는 학생을 뽑는다. 예를 들면 1. 성적우수자, 2. 영어특기자, 3. 외국어특기자, 4. 글러벌리더, 5. 학교장추천 등이 있다.

▪ 지역균형선발

학교에서 학생을 뽑을 때 특정 지역에 편중되는 것을 방지하기 위해 일정 % 이상은 선발을 못하도록 하는 방법과, 여러 지역을 동등한 비율로 선발하는 제도이다.

③ 한국의 입시열

초등학교에서 중학교, 중학교에서 고등학교와 대학교로의 진학 과정에 있어서 대부분의 학생들은 학업에 대해 많은 어려움을 겪는다. 그리고 학업과정에는 학생의 의지 못지않게 부모님들의 자녀교육에 대한 열정이 큰 부분을 차지하고 있다.

❶ 전통교육의 어머니상

▌한국 현모양처의 귀감인 경포대 앞 신사임당 동상 ▌

▌이황과 함께 조선의 대표적인 유학자, 이이 ▌

▌이이 선생이 태어난 오죽헌의 몽룡실 ▌

교육의 중요성에 대해서는 예나 지금이나 변함이 없으며, 그 교육의 출발은 바로 가정의 부모님 특히, 어머니로부터이다. 그래서 나라마다 교육과 관련한 어머니의 이야기가 많이 전해 내려오고 있다. 그 중 한국에 가장 널리 알려진 이야기는 맹자와 그 어머니, 한석봉과 어머니 그리고 율곡과 신사임당이 대표적이다.

▌김홍도의 풍속화 '서당' ▌
국립중앙박물관 201007-265

전통사회 교육의 장(서당)

과거 전통사회의 대표적인 사설 교육기관은 서당이다. 이는 조선시대 민중 교육기관으로 신교육이 실시될 때까지 존속해 온 보편적 교육기관이었다. 서당에서는 천자문을 시작으로 경서까지 교육을 하였는데, 이 교육을 담당하는 분을 일컬어 훈장이라 하였다.

✔ 맹모삼천지교

맹모삼천지교는 맹자의 어머니가 그 아들 맹자의 교육을 위해 세 번이나 이사를 했다는 아래의 이야기에서 유래하였다. 공부를 할 수 있는 환경을 만들어 주고자 하는 어머니의 적극적인 교육열의 모습을 확인할 수 있다.

맹자 어머니의 교육

맹자가 어머니와 처음 살았던 곳은 공동묘지 근처였다. 친구가 없던 맹자는 그 곳에서 보던 것을 따라 장사지내는 놀이를 하며 놀았다. 그것을 본 맹자의 어머니는 아들의 교육을 위해 이사를 했는데, 하필 시장 근처였다. 그랬더니 이번에는 맹자가, 시장에서 물건을 사고파는 장사꾼들의 흉내를 내면서 노는 것이었다. 맹자의 어머니는 이곳도 아이와 함께 살 곳이 아니라고 생각하고 이번에는 학문을 하는 근처로 이사를 하였다. 그랬더니 맹자가 제사와 예법에 관한 놀이를 하는 것이었다. 맹자 어머니는 "이곳이야말로 아들과 함께 살 만한 곳이구나" 하고 마침내 그곳에 머물러 살았다.

✔ 한석봉과 어머니

한석봉은 한국의 대표적인 서예가로, 그가 이러한 명성을 얻기까지에는 그의 어머니 공이 크다.

한석봉과 어머니

한석봉은 조선시대 어려운 환경에서 태어났지만 학문에 대한 열정과 어머니의 뒷받침으로 집을 떠나 글공부를 할 수 있었다. 3년이 지난 어느 날 석봉은 자신의 학문에 만족하며 고향 집으로 돌아와 어머니를 뵀다. 그러나 반가워할 줄 알았던 어머니는 오히려

화를 내며 석봉의 실력을 시험하기 위해 불을 끈 어두운 방에서 떡썰기와 글쓰기를 하자고 하셨다. 그 결과 어머니의 떡은 규칙적인 크기로 잘라져 있었지만, 석봉의 글씨는 삐뚤빼뚤했다. 그러자 어머니는 아들을 다시 돌려보내 글공부에 전념하게 하였고, 석봉은 그 후 훌륭한 사람이 되었다. 자식 교육에 대한 대표적인 사례로는 이이 선생의 어머니이신 신사임당도 빼놓을 수 없다.

┃ 석봉 한호 선생의 글씨 ┃
국립중앙박물관 201007-265

❷ 한국의 사회구조와 입시

┃ 신촌의 연세대학교 전경 ┃　┃ 안암동의 고려대학교 전경 ┃　┃ 봉천동의 서울대학교 정문 ┃

한국은 전통적으로 혈연이나 지연에 의한 인맥을 중시하였으며, 근대 및 현대 사회로 넘어오면서 개개인의 능력이나 자질 등이 한 개인을 평가하는 중요한 수단이 되었다.

특히 급속한 산업화와 근대화를 이루는 과정에서 여러 분야의 전문가와 서구의 발전된 이론 등을 겸비한 인재를 등용하는 기회가 많아졌고, 그러한 과정 속에서 한국을 움직인다는 고위 직책의 자리를 소위 유명하다는 몇 개의 대학 출신들이 차지를 하게 되었다.

이러한 경향은 오늘날 한국뿐만이 아니라 세계 여러 나라에서 확인할 수 있을 것이다. 그것은 동시에 그들 대학들이 그 나라의 우수한 인재를 만들기 위해 많은 노력을 기울였다는 결과도 될 것이다.

그러나 한국은 다른 나라들과 달리 출신 대학이 어디냐 또는 출신 고등학교가 어디냐는 그 기준의 비중이 다른 조건보다 상위에 위치한다는 점이다. 결국 그러한 학벌 중심의 사회구조 속에서 개인이 좀 더 나은 위치나 좀 더 좋은 직장을 얻어 풍요로운 생활을 하기 위해서 한국의 학생들은 어려서부터 소위 명문 중학교, 명문 고등학교 그리고 명문대학교라는 명품 사상에 빠지게 되었다. 즉 이름만 들으면 알만한 대학과 학과에 입학하기 위해서는 그러한 대학에 학생들을 많이 입학시키는 고등학교로 진학하기 위해 힘을 쏟아야 되고, 또 그러한 고등학교로 진학하기 위해 우수한 중학교를 찾아 입학해야 하는 악순환이 전개되는 것이다.

❙ 최근 7년간 사법시험 대학별 합격자 수(법무부 통계 자료) ❙

	2002년	2003년	2004년	2005년	2006년	2007년	2008년
서울대	332	341	349	328	335	325	275
고려대	176	170	166	177	143	158	182
연세대	118	84	105	120	121	114	104
:	:	:	:	:	:	:	:
전체합격자	998	906	1,009	1,001	994	1,011	1005

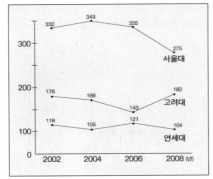 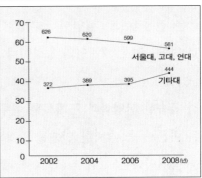

❙ 2002-2008년까지의 대학별 사법시험 합격 ❙

위의 표에 따르면 2002년부터 2008년까지 시행된 사법시험 전체 합격자 6,924명 중 서울대, 연세대, 고려대의 합격자 수는 4,223명으로 전체 합격자의 60%를 차지하고 있다.

❸ 입시와 학원 공화국

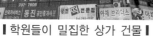

▌학원들이 밀집한 상가 건물▐

▌서울의 대표적 학원가
노량진 모습 1▐

▌서울의 대표적 학원가
노량진 모습 2▐

　자녀를 키우는 모든 부모들의 공통된 소망은 자녀의 성공적인 삶일 것이다. 한국의 부모들 역시 예외는 아니며, 그를 위해 가장 많이 투자를 하는 분야가 교육이다. 그래서 자녀의 교육에 열정을 지닌 일부 부모님들은 초등학교 시절부터 아이의 교육에 대한 매니저가 되고 만다.

　한국 부모들의 그러한 교육 열정은 최고의 사교육을 자랑한다는 학원 사업을 부추기게 되었고, 기업 형태로까지 발전하는 여러 업체들이 곳곳에 생겨나게 하였다. 잘 가르친다는 학원에 들어가기 위한 경쟁 또한 대학 입시를 방불케 하고 있다.

　상황이 이렇다보니 공교육인 학교교육보다 사교육의 학원 교육을 더 맹신하는 잘못된 사회현상도 나타나며, 학원비로 지출하는 사교육비가 각 가정의 지출 내역 중 상당 부분을 차지하는 등의 문제 또한 심각하다.

　그리고 명문대학교에 진학한 학생들 부모들의 경제력을 비교한 자료에 의하면 과거와는 비교할 수 없을 정도로 대학 진학과 경제력의 상관관계가 비례하고 있음을 알 수 있다. 이러한 현상은 경제적 능력의 여하에 따라 대학 진학이 결정되고 그 결과 누구나 부러워하는 사회적 위치를 점하게 됨으로써 경제적 약자의 상대적 박탈감 또한 문제다. 이러한 문제 해결을 위해 한국 정부에서도 대안 마련에 부심하고 있다.

❹ 특수목적고와 대학 진학

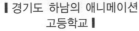

▋경기도 하남의 애니메이션
고등학교 ▋

▋한영외국어고등학교 전경▋

▋민족정신과 세계적 안목을 지닌
인재 양성의 민족사관고등학교 ▋

일반 고등학교와 달리 특수목적고는 학생들의 능력과 소질의 향상이라는 특수한 목적 하에 세워진 학교로 그 기본 설립취지는 누구나 공감을 한다. 그러나 한국의 독특한 사회구조에서 성격이 변질된 감도 있다.

최근 명문대학교 진학을 위해서는 특수목적고에 진학해야 일반고 학생보다 유리한 위치를 점하게 된다고 한다. 그리고 그것은 대학에 진학하는 학생들의 출신 고등학교 분석을 통해서도 일부 확인이 되는 사실이다.

이런 교육 현실에서 많은 사람들이 특수한 교육기관을 선호하게 되고 그 곳에 들어가기 위해 학교 공부와는 별도로 몇 개의 학원 공부를 시키고 있다. 그래서 요즘 아이들은 친구를 만나기 위해 놀이터를 가는 것이 아니라 학원에 가야한다고 할 지경이다.

그러나 사교육비 문제와 더불어 특수목적고 설립의 취지를 되살릴 수 있도록 정부가 다방면의 대입 입시제도 개선을 준비하고 있음은 참 다행한 일이다.

✔ 외국어고등학교

자유로운 외국어 능력을 바탕으로 창조적인 세계의 변화를 주도할 수 있는 유능한 국제인 양성에 취지를 맞춘 학교이다.

✔ 과학고등학교

글로벌 시대에 앞선 과학 영재 조기 발굴 및 육성을 목적으로 하는 학교이다.

✔ 자립형사립고등학교

재정적으로 자립하고, 학교 나름의 건학 이념에 따른 특색이 있는 교육프로그램을 자율적으로 운영하는 사립학교이다.

✔ 국제고등학교

국제화, 세계화를 선도하기 위해 인문, 사회 계열의 인재 육성을 목표로 하는 학교로, 1998년에 부산국제중고가 개교한 이후 2006년 3월에 청심국제중고가 문을 열었으며, 2008년에는 서울국제고와 인천국제고가 개교하였다. 그리고 2011년 고양국제고가 개교 예정이다.

※ 단어 및 표현 ※

1. 보기 단어의 뜻풀이로 적당한 것을 찾아 이으시오.

또래 추첨 교원 동등 편중 경서 장사 명성 훈장 새싹

(1) 또래 • 세상에 널리 퍼져 평판 높은 이름.

(2) 추첨 • 옛 성현들이 유교의 사상과 교리를 써 놓은 책.

(3) 교원 • 한쪽으로 치우침.

(4) 동등 • 글방의 선생.

(5) 편중 • 제비를 뽑음.

(6) 경서 • 사물의 근원이 되는 것을 비유적으로 이르는 말.

(7) 장사 • 등급이나 정도가 같음. 또는 그런 등급이나 정도

(8) 명성 • 각급 학교에서 학생을 가르치는 사람을 통틀어 이르는 말.

(9) 훈장 • 죽은 사람을 땅에 묻거나 화장하는 일.

(10)새싹 • 나이나 수준이 서로 비슷한 무리.

2. 보기에서 빈 칸에 들어갈 단어를 찾아 쓰시오.

삐뚤빼뚤 겸비 매니저 맹신 인맥 학벌 부추기다 상관관계

(1) 좋은 배우자감은 능력과 경제력을 (   )한 사람이다.

(2) 과거와 달리 현대 사회에서는 학연, 지연, 혈연과 같은 (   )보다는 개인의
능력이 중요하다.

(3) 눈을 가리고 썼더니 글씨가 (   ).

(4) 옳고 그름을 가리지 않고 덮어놓고 믿거나 따르는 것을 (   )이라 한다.

(5) (   )은/는 어떤 분야에서 의사결정을 내리고 일의 전반적 진행을 지휘, 감독
하는 사람을 일컫는다.

(6) 열심히 공부하려는 친구를 (   )지 말고 너 혼자 집에 가거라.

(7) 과거와 달리 최근 집안의 경제력과 대학 입학의 (   )이/가 커지고 있다. 그
만큼 대학 입시에서의 경제력이 점차 중요시되고 있다.

❊ 내용 확인 ❊

① 다음의 질문에 알맞은 내용을 찾아 쓰시오.

(1) '세 살 버릇 여든까지 간다'는 속담의 의미를 말해 보시오

(2) 한국 교육의 단계별 체계에 대해 설명하시오

(3) 한국의 사회구조와 입시 교육과의 관계에 대해 설명하시오

② 다음을 읽고 내용과 일치하면 ○, 아니면 ×, 모르면 △ 표를 하시오.

(1) 현재 한국의 초, 중, 고등교육은 의무교육이다. (   )

(2) 교원으로의 꿈을 펼치기 위해서는 교육대학이나 사범대학으로 진학을 해야 한다.
(   )

(3) 중국의 맹자와 한국의 육곡, 한석봉과 관련된 이야기는 학교교육의 중요성을
강조하고 있다. (   )

(4) 공교육에 드는 비용보다 사교육에 들어가는 비용이 훨씬 크다. (   )

(5) 최근 들어 대학 선택에 있어 경제력의 비율이 점점 높아지고 있다. (   )

③ 아래는 과거와 현재의 교육기관 모습이다. 서로 비교·대조해 이야기해 보자.

▮조선시대 대표
교육기관인 서당▮

▮오늘날 현대화된 시설의 초등학교
과학수업 실제▮

※ 활 용 ※

① 근대화, 산업화 과정 속에서 한국이 오늘날 이렇게 급속한 성장을 할 수 있었던 계기를 교육열과 관련하여 생각해 보시오.

② 대학 진학에 있어서 가장 우선시 되어야 할 기준이 무엇인지 생각해 보고, 대학이 우리의 궁극적 목표인지에 대해서도 서로 발표해 보시오.

02 학교 체육과 스포츠

○88 서울올림픽의 한 모습입니다. 선수들의 기분은 어떨까요?

▮'88서울올림픽 여자 양궁 대표선수들의 금메달 시상식▮

▮'88서울올림픽 선수단 입장▮

❋ 학습 내용 ❋

　"건강한 육체에 건전한 정신"이라는 말을 들어 본적이 있나요? 학교 및 생활체육의 기초적 육성 하에, 한국은 스포츠 강대국의 꿈을 키워나가고 있다.

◆ 체육의 정의와 종류 그리고 학교 체육의 변화하는 모습을 이해할 수 있다.
◆ 각종 세계 대회의 참가와 개최를 통한 한국 스포츠의 발전상을 이해할 수 있다.
◆ '신명'과 '흥겨움'이라는 한민족의 응원문화에 대해 이해할 수 있다.

① 상황회화

A : 선생님, 요즘 한국이 스포츠 강국으로서 발돋움을 하고 있는 것 같아요

B : 86년 아시안게임과 88올림픽 그리고 2002년 한·일 월드컵 대회와 각종 세계 대회에서 한국 선수들이 거두는 성적이 아주 뛰어나죠

A : 특히 지난 2002년 월드컵에서 보여준 한국 선수들의 경기력과 한국 국민들의 응원문화는 정말 환상적이었어요

B : 맞아요. 전국이 붉은 물결로 가득했었죠

A : 선생님 한국 스포츠가 이렇게 발전할 수 있었던 것은 그만큼 기초로서의 학교 체육교육이 잘 돼 있다는 뜻이 아닌가요?

B : 분명 밀접한 관계가 있는 것만은 사실이에요. 또한 꼭 이루어 내겠다는 한국 인의 강한 정신력도 큰 몫을 했어요

② 기초과정으로서 학교체육

인간의 활동 중에서 빠질 수 없는 것이 체육(운동)이다. 학교에서의 체육은 물론 사회에서 시행하는 각종의 생활체육(사회체육) 또한 건강한 신체 단련을 위한 한 방법이다.

❶ 체육의 정의와 종류

▌공원에서 배드민턴을 즐기는 시민들▌

체육은 몸을 움직이는 활동을 통해 개인의 체력 증 진과 건강 그리고 취미생활을 하는 일련의 행위이다.

학교체육은 학생들의 신체적 발달과 체력 강화를 위해 교과과정으로서 다루어지는 체육을 의미하고, 사 회체육은 학교체육 외로 각종 단체에서 행하는 프로 그램에 본인이 스스로 참여해 활동하는 체육활동을

의미한다. 또한 이에는 국가적인 차원에서 국민들의 건강 증진을 위한 프로그램도
있다.

❷ 학교체육의 현실

학교체육의 목적은 성적보다 학생들의 신체적
발달 그리고 건강한 육체에서 나오는 건전한 정신
의 함양이다. 그러나 일반 학생들의 체육과는 달
리 운동을 전문적으로 하는 학생들의 학교체육은
이와 사뭇 다르다.

운동부 학생들에 대한 학교체육은 이미 오래전
부터 많은 사람들에 의해 문제점이 지적되었다.
즉 그들에게는 교실에서의 학업 성취도보다 오직
대회에서 어느 정도의 성적을 거두는 지가 중요하
다. 따라서 정상적인 학교수업에는 철저히 외면당
한 채 새벽부터 늦은 밤까지 운동장에서 운동만
하는 것이 학교생활의 전부이다.

▌초등학교 체육대회 ▌

▌한국의 대표적 민속경기. 씨름 ▌

물론 운동 선수라는 특수성에 따라 학업보다 경
기력 향상만을 추구하다보니 일반 학생들과 동일한 학교교육이 이루어지기는 어
려울 것이다. 그러나 그런 현실을 감안하더라도 최소한의 학습권을 보장하는 제도
로의 방향 전환이 필요하다. 마침 최근 학교체육이 나아가야 할 올바른 방향에 대
해 여러 목소리가 나오고, 그로인해 이 문제가 공론화되면서 '주말리그제' 등의 제
도적 보완이 이루어진 것은 다행스러운 일이다.

❸ 학교체육과 한국스포츠

▌프로농구 경기 장면▌　　　　▌잠실야구장의 야구 경기▌　　　　▌프로야구의 한 모습▌

학교체육은 스포츠 강국으로 나아가기 위해 가장 많은 관심과 투자를 해야 할 부분임에 틀림이 없다. 학교체육의 건전화와 부실이 그대로 한국의 스포츠 미래의 결과로 나타나기 때문이다.

오늘날 한국스포츠가 여러 종목에서 국제적 수준의 발전을 하게 된 계기는 학교체육의 노력과 함께 프로스포츠 구단의 탄생도 한 몫을 차지한다. 야구를 시작으로 축구, 배구, 농구, 골프 등에 프로가 생겼으며, 이를 바탕으로 세계적인 선수가 만들어지기도 하였다. 그리고 열악한 상황에도 선수 본인의 뼈를 깎는 노력으로 세계적인 선수와 어깨를 나란히 하는 비인기 종목의 선수들도 한국 스포츠 세계화의 한 축을 담당하고 있다.

③ 세계 속의 한국스포츠

오늘날 세계 선진국을 들여다보면 대부분 나라들이 경제, 문화의 발전 못지않게 스포츠도 발전했음을 알 수 있다. 한국도 경제발전의 과정에서 스포츠에 대한 국민들의 관심과 관련 부서의 투자로 인해 많은 발전을 하고 있다.

	2	3
1		4

1. 올림픽공원의 평화의 문
2. '88서울올림픽 대한민국 선수단 입장
3. '88서울올림픽 성화 봉송
4. 잠실 종합운동장. 주경기장 모습

❶ 한국의 올림픽 발자취

한국이 올림픽에 처음 출전했던 대회는 1936년에 열렸던 제13회 뮌헨올림픽이었다. 당시 한국인의 손기정 선수는 마라톤에서 우승을 하며 금메달을 땄다. 하지만 일본의 식민지라는 현실에서 일본의 국기인 일장기를 달고 뛰어야 했기에 공식적인 한국의 메달이 될 수 없었던 아픈 역사를 떠올리게 하는 대회였다.

그 후, 태극기를 달고 참가한 1948년 런던대회(14회)와 1956년 멜버른대회(16회)에서 복싱과 역도에서 동메달, 은메달을 획득하기는 했지만 국민들의 염원인 금메달을 따지는 못했다.

한국의 최초의 금메달은 그 후 1976년 21회 몬트리올대회에서 레슬링의 양정모 선수가 따게 되며, 1984년 미국 L.A올림픽에서는 금메달 6개, 은메달 6개 그리고 동메달 7개라는 놀라운 성적을 거두었다. 그 후, 2008년 베이징올림픽 때까지 한국이 획득한 메달의 수(금, 은, 동)는 다음과 같다.

1988년 (12,10,11)	1992년 (12,10,11)	1996년 (7,15,5)	2000년 (8,10,10)	2004년 (8,11,9)	2008년 (13,10,8)

1988년 24회 올림픽은 서울에서 개최하였으며 1992년 애틀랜타대회에서는 1936년 마라톤 손기정 선수의 한을 황영조 선수가 금메달 획득으로 풀 수 있었다. 그리고 지난 2008년 베이징올림픽에서도 한국은 뛰어난 성적을 거두었다.

올림픽의 효자종목

나라마다 가장 뛰어난 경기력을 보이는 주종목이 있다. 중국은 탁구, 일본은 유도, 미국은 육상이라는 종목이 먼저 떠오른다.

한국이 지금까지 올림픽에서 메달을 딴 종목은 그리 다양하지 못하다. 전통적으로 한국 스포츠가 강세를 보인 종목을 보면 태권도와 양궁 그리고 복싱, 레슬링, 유도, 핸드볼 등의 몇

▮올림픽 유도 경기장면▮

종목에 그치고 있다.

한국의 양궁은 국제적으로도 가장 강하다고 인정받는 종목으로 한국문화의 한 양상을 보여주고 있기도 하다. 옛날부터 한국에서는 활을 잘 쏘는 사람을 왕이라 했으며, 과거 문헌에서도 활을 잘 사용하는 민족이라는 긍정적 의미로 '동이족'이라 불렀다. 또한 과거 중국과의 무역에서도 활과 화살은 중요한 수출품목의 하나였다는 사실은 오늘날 양궁에서 보이는 실력이 하루 아침의 노력만으로 이루어진 것이 아님은 확실해 보인다.

❷ 월드컵의 처녀출전과 개최

한국이 축구인의 세계적 잔치인 월드컵 본선에 첫 진출한 것은 1954년 스위스대회였다. 그러나 세계 축구의 높은 벽을 확인하는 것에 만족해야만 했다. 그 후 월

드컵 대회에서 이렇다 할 성적을 내지 못하다가 1986년 대회를 시작으로 2010년 대회까지 연속 7차례 본선에 진출하는 성과를 이루었다.

7회 연속 본선에 진출한 가운데, 2002년 한국과 일본이 공동으로 개최한 대회에서 한국은 4강이라는 놀라운 성적을 거두었으며, 당시 국민들이 보여주었던 붉은 응원 물결은 세계인의 축구잔치에 또 다른 볼거리를 제공하였다. 그리고 2010년 남아공 월드컵 대회에서 원정 16강 진출이라는 쾌거를 이루었다.

┃월드컵 경기장 전경 ┃

┃올림픽공원 내 국민체육진흥공단 ┃

❈ 단어 및 표현 ❈

1. 보기 단어의 뜻풀이로 적당한 것을 찾아 이으시오.

신명 능률 단련 함양 공론화 염원 처녀 한

(1) 신명 • 흥겨운 신이나 멋.

(2) 능률 • 어떤 일을 반복하여 익숙하게 됨. 또는 그렇게 함.

(3) 단련 • 여럿이 의논함. 또는 그런 의논를 함.

(4) 함양 • 마음에 간절히 생각하고 기원함. 또는 그런 것.

(5) 공론화 • 몹시 원망스럽고 억울하거나 안타깝고 슬퍼 응어리진 마음.

(6) 염원 • 일정한 시간에 할 수 있는 일의 비율.

(7) 처녀 • 능력이나 품성을 기르고 닦음.

(8) 한 • 일이나 행동을 처음으로 함 또는 아무도 손대지 아니하고 그 대로임.

2. 보기에서 빈 칸에 들어갈 단어를 찾아 쓰시오.

발돋움 일련 사뭇 열악하다 깜짝 스타 몫 획득하다 쾌거

(1) 저 사람은 (   ) 환경을 극복하고 정상의 위치에 올라섰다.

(2) (   )인 것처럼 보이지만 오늘날 성공하기까지 수많은 노력과 연습이 뒤따랐다.

(3) 세계적 금융위기를 극복하기 위해 각국 정부는 필요한 (   )의 조치를 취했다.

(4) 제주도가 아시아 최고의 국제 자유 도시로 (   )했다.

(5) 장례식에서 사람들은 평소 때와는 달리 (   ) 다른 진지한 모습을 보였다.

(6) 일정한 이익의 분배에 사람들이 많으면 그 (   )은/는 작아지고, 사람이 적으면 그 (   )은/는 커진다.

(7) 이번 올림픽에서 (   ) 메달의 수는 금메달 12, 은메달 25, 동메달 7개로 집계 되었다.

(8) 그는 올림픽에서 3관왕이 되는 (   )을/를 이룩했다.

※ 내용 확인 ※

① 다음의 질문에 알맞은 내용을 찾아 쓰시오.

(1) '체육'의 정의에 대해 설명해 보시오

(2) 학교 체육의 목적이 무엇인지 설명하시오

(3) 1936년 올림픽에서 손기정 선수의 금메달에 얽힌 아픈 역사에 대해 설명하시오

② 다음을 읽고 내용과 일치하면 ○, 아니면 ×, 모르면 △ 표를 하시오.

(1) 사회체육에는 개인 중심의 활동과 국가적인 차원에서의 프로그램으로 나눌 수 있다. (   )

(2) 현재 한국 스포츠의 프로 종목은 '축구, 야구, 탁구' 등이 있다. (   )

(3) 2002년 서울올림픽에서 한국은 금메달 12개를 획득했다. (   )

(4) 올림픽과 국제대회에서 태권도, 양궁, 핸드볼 등 몇 종목은 한국의 효자 종목이다. (   )

(5) 월드컵과 관련된 곳은 잠실 종합운동장이다. (   )

③ 아래의 사진은 한국인의 열띤 응원 장면이다. 이에 대해 이야기해 보자.

┃서울 광장 앞 붉은 악마의 열띤 응원┃

▒ 활 용 ▒

① 올림픽의 기원과 정신 및 역사에 대해 알아보고, 한국의 올림픽 역사에 대해 조사해 보시오.

② 학교체육의 여러 문제점이 지적되고 있는데, 이를 개선하기 위해 어떤 노력들을 했는지 찾아보고 발표해 보시오.

03 대학생활과 외국인

○ 이곳은 대학생들의 M.T 장소입니다. 어떤 활동을 할까요?

┃민박 안내 표지┃   ┃대표적 M.T의 명소.
대성관광지 안내┃

▒ 학습 내용 ▒

중·고등학교의 생활과 달리 대학생활은 자율을 그 특징으로 한다. 대학의 학사일정을 충분히 숙지하여 학업과 낭만이라는 두 마리 토끼를 잡도록 해야 한다.

◆ 비자의 발급 및 연장, 그리고 체류기간 중의 외국인 입·출국 제도를 이해할 수 있다.
◆ 대학에서의 전공, 교양 학점 취득과 수강신청, 기타 일정에 대해 이해할 수 있다.
◆ 대학의 동아리 활동을 이해하고 적극적으로 참여할 수 있다.

① 상황회화

A : 선생님 얼마 후면 저도 대학생이 되는데, 대학생활을 잘 할 수 있을지 걱정이 돼요.

B : 너무 걱정하지 마세요. 차근차근 준비하면 어렵지 않을 거예요.

A : 대학생이 되면 무엇부터 준비해야 되는 지 좀 알려주세요?

B : 먼저, 비자는 바꿔야겠지요? 어학원생의 신분에서 대학생으로 바뀌게 되면 관할 출입국사무소에 자격 변경을 해야 해요.

A : 네, 지난번 대학 합격통지서를 받고서 D4에서 D2로 변경했어요.

B : 그럼, 대학에서 강의를 들으려면 먼저 수강신청을 해야 해요. 그리고 특별한 상황을 제외하고 결석에 유의하고 예습, 복습을 철저하게 해서 열심히 공부하면 돼요. 너무 성급하게 생각하지 말고 꾸준히 노력해야 해요. 한국어를 배우러 왔던 첫날을 떠올리면서 말이죠.

② 비자의 발급 및 연장

(무비자 입국의 몇 예를 제외하고) 대부분 외국에 나가기 위해서 몇 가지 갖추어야 할 준비 서류가 있다. 비자가 그 중 한가지인데, 달리 사증이라고도 한다. 일반적으로 비자의 발급은 외국인의 입국을 허가한다는 의미이지만 절대적이지는 않다. 즉 비자를 소지한 경우에라도 출입국관리사무소의 심사 결과에 따라 입국이 불허되기도 한다.

❶ 비자 발급 및 연장

비자의 발급과 변경에 필요한 서류를 알아보고, 체류기간 연장의 필요성 및 제한 기준에 대해 알아보자.

✔ D2 비자의 최초 발급

한국 소재의 대학 과정에 입학한 학사, 석사, 박사 과정생의 외국인이 사증(D-2)을 발급받고자 할 때, 다음과 같은 서류가 필요하다.

제출서류 : 수학능력 및 재정능력심사결정의 내용이 포함된 표준입학허가서(총·학장 발행), 최종학력증명서, 예금잔고증명서, 호구부(중국인만 해당, 모든 가족 기재)이다.

┃ 대한민국 여권 ┃

✔ 체류기간 연장 신청

유학 비자(D-2)를 발급 받아 한국에 들어 온 외국인은 정해진 기간 안에 한국에서의 체류를 연장하도록 허가를 받아야 한다. 외국인이 체류기간 연장을 위해 구비해야 할 서류는 다음과 같다.

제출서류 : 여권 및 외국인등록증, 체류기간연장허가신청서, 재학증명서, 국내체제경비 입증서류 또는 신원보증서(장학생은 장학금 수혜증명서), 정규 학사일정이 초과된 경우 그 입증자료(지도 교수 추천서), 수수료(수입인지 3만원)이다.

체류기간 연장의 제한 기준

- 학비 등 체재비를 국내 취업 활동으로 조달하려는 유학생
- 학업보다 취업 활동을 주로 하는 유학생
- 휴학한 유학생

---

❷ 체류기간 연장 예약방법

외국인이 체류기간 연장과 관련해 출입국관리사무소를 방문하기에 앞서 예약을

하면 원하는 날짜와 시간에 일을 처리할 수 있는 편리함이 있다. 아래의 절차를 밟으면 된다.

> • 하이코리아(www.hikorea.go.kr)에 회원가입
> ⇓
> • 아이디(ID)와 비밀번호를 이용해서 로그인
> ⇓
> • '방문예약 → 방문예약신청'을 이용해 날짜와 시간 선택
> ⇓
> • 예약접수증 출력
> ⇓
> • 예약접수증 및 서류 제출

② 대학생활의 기본 정보

❙ 인문대학, 세종관 전경 ❙   ❙ 경상대학, 재경관 전경 ❙   ❙ 경원대학교의 중앙도서관 ❙

대학에서의 생활은 여러분이 공부하고자 하는 전공 분야를 선택하는 것에서부터 출발한다. 그리고 수강신청을 하며 학사일정에 따라 수업을 받고 학점을 따는 일련의 활동이 졸업 전까지 되풀이 된다. 그 과정에서 시험공부나 레포트 작성을 위해 도서관을 찾기도 하며, 축제나 체육대회의 즐거움을 만끽할 수 있다. 때로는 생활이나 학업 등과 관련된 여러 문제들을 지도 교수님과 상의할 경우도 있을 것이다.

❶ 전공 선택

일반적으로 4년제 종합대학은 몇 개의 단과대학으로 구성되어 있으며, 다시 해당 단과대학은 학부와 학과로 구성되어 있다. 대학마다 그 구성은 조금씩 차이가 있다.

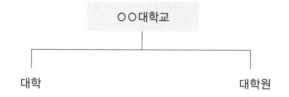

[대학]

◆**인문대학** : 국어국문학과, 영어영문학과, 독어독문학과, 불어불문학과, 중어중
　　　　　 문학과, 일어일문학과 등

◆**경상대학** : 경영회계학부(경영학전공, 회계세무학전공), 경제학과, 무역학과,
　　　　　 관광경영학과, 응용통계학과, 의료경영학과 등

◆**사회과학대학** : 법학과, 행정·도시행정학부(행정학전공,도시행정학전공), 신문
　　　　　　 방송학과 등

◆**공과대학** : 도시계획조경학부(도시계획학전공, 조경학전공), 건축학부(건축학전
　　　　　 공, 건축공학전공), 실내건축학과, 전기·소방학부(전기공학전공,
　　　　　 소방방제공학전공), 토목환경공학과, 건축설비공학과, 기계자동차
　　　　　 공학과, 산업정보시스템공학과, 생명공학부(화학생명공학전공, 환
　　　　　 경생명공학전공), 식품생물공학과 등

◆**바이오나노대학** : 바이오나노학부 등

◆**IT대학** : 소프트웨어학부(컴퓨터소프트웨어전공, 컴퓨터공학전공, 컴퓨터미디
　　　　　 어전공), 전자정보통신공학부(전자공학전공, 정보통신공학전공) 등

◆**자연과학대학** : 물리학과, 화학과, 수학정보학과, 생명과학과 등

◆한의과대학 : 한의예과 등

◆미술디자인대학 : 회화과, 조소과, 디자인학부(시각디자인전공, 산업디자인전 공) 등

◆음악대학 : 성악과, 관현악과, 피아노과, 작곡과 등

◆생활과학대학 : 의상학과, 아동복지학과, 식품영양학과, 사회체육학과, 태권도 학과, 유아교육학과, 간호학과 등

◆교양대학 : 자율전공학부 등

[대학원]

◆일반대학원 : 국어국문학과(국어학전공, 현대문학전공, 고전문학전공), 영어영 문학과, 독어독문학과, 중어중문학과, 불어불문학과, 법학과, 행정 학과, 경제학과, 경영학과, 무역학과, 회계학과, 관광경영학과, 화학 과, 지역개발학과, 아동학과, 조경학과, 의상학과, 수학정보학과, 물 리학과, 식품영양학과, 도시계획학과, 건축학과, 실내건축학과, 전 자계산학과, 전기전자공학과, 산업공학과, 화학공학과, 건축설비기 계공학과, 식품생물공학과, 토목환경공학과, 한의학과, 응용미술학 과, 환경조각과, 회화과, 음악학과(성악전공, 작곡전공, 피아노전공, 관현악전공), 체육학과, 의료경영학과 등

◆경영대학원 ◆교육대학원 ◆행정대학원 ◆산업·환경대학원 ◆소프트웨어 대학원 ◆디자인문화정보대학원 ◆사회체육대학원 등

대학에서는 본인의 전공과 관련해 학년과 학기에 따라 정해진 과목들을 수강해 야 한다. 그리고 각 과목을 수강하기 위해서는 먼저 수강을 하겠다는 신청을 해야 하는데 이를 '수강신청'이라 한다.

▌관광경영학과 교과과정 예 ▌

학년	이수구분	1학기교과목명	학점	이론	실습	이수구분	2학기교과목명	학점	이론	실습
1	교필	교양세미나1	1		1	교필	교양세미나2	1		
	교필	읽기와쓰기	2	1	2	교필	영어회화2	2		1
	교필	영어회화1	2		4	교필	영어강독2	2	2	4
	교필	영어강독1	2	2		교선	제1영역	2	2	
	교필	전산학개론	2	1	2	교선	제6영역	2	2	
	교선	제6영역	2	2		교선	제5영역	2	2	
	계교	관광학개론	3	3		계교	호텔회계원리	3	3	
	계교	관광경영론	3	3		계교	호텔경영론	3	3	
		소계	17	12	9		소계	17	14	5
2	교필	제3영역	2	2		전필	관광마케팅	3	3	
	전필	관광서비스론	3	3		전선	관광영어2	3	3	
	전필	관광인사조직론	3	3		전선	관광법규	3	3	
	전선	관광영어1	3	3		전선	관광정보론	3	3	
	전선	국제관광론	3	3		전선	호텔영업회계	3	3	
	전선	관광자원론	3	3		전선	경영학원론	3	3	
		소계	17	17			소계	18	18	
3	전선	호텔마케팅	3	3		전선	관광정책론	3	3	
	전선	관광경제론	3	3		전선	국제회의론	3	3	
	전선	호텔투자론	3	3		전필	호텔재무론	3	3	
	전선	관광영어3	3	3		전선	식음료관리	3	3	
	전선	복지관광론	3	3		전필	관광조사방법론	3	3	
	전필	여행사경영론	3	3		전교	관광지도법	2	2	
		소계	18	18			소계	17	17	
4	전선	외식사업경영론	3	3						
	전선	관광홍보론	3	3		전선	관광경영세미나	3	3	
	전선	프랜차이즈경영론	3	3		전선	호텔프로젝트관리	3	3	
	전선	관광개발론	3	3		전선	관광창업기획론	3	3	
	전교	관광교육론	2	2		전선	관광실무론	3	3	
		소계	14	12			소계	12	12	

이수학점	교양	학점		계	시간		계	전공	학점		계	시간		계
		필수	14	36	이론	28	42		전필	18	90(4)	이론	90(4)	90(4)
		선택	10		실습	14			전선	72		실습		
		계교	12						전교	4				
	교양 선택 영역별학점	1영역	2	2영역	0	3영역	2	4영역	0	5영역	2	6영역	4	계	10

▌자랑스런 학사모 ▌

▌졸업 기념사진 촬영 ▌

✔ 수강신청 관련 용어

전공과목은 본인이 선택한 전공의 교과목을 의미하는 것으로, 이에는 모든 전공 학생들이 반드시 들어야할 전공필수(줄여서 전필)와 본인의 선택에 따라 달라지는 전공선택(전선)의 과목이 있다. 일반적으로 전필은 그 전공의 기초적인 학문의 성격을 지니고 있으며 전선은 본인의 관심에 따라 선택이 가능하다.

교양과목은 대학생으로서 반드시 알아야 할 기초적 지식을 함양하고자 마련된 교과목으로 교양필수(교양세미나Ⅰ, Ⅱ, 영어강독 Ⅰ, Ⅱ, 영어회화 Ⅰ, Ⅱ, 읽기와 쓰기, 전산학개론 및 실습) 교양선택(교선), 계열교양으로 세분화된다. 영역별로 다양한 강좌가 개설되기에 수강신청 전 반드시 강좌에 대한 교과 내용을 인지하고 있어야 한다.

제1영역	학기	학점	교과목명
역사와 가치관	1	2	동·서양의 지혜, 동아시아사의 이해, 문화로 본 한국사, 한국사상과 인성교육
	2	2	삶과 철학, 정보사회와 가치론, 한국근·현대 백년의 이해, 환경과 철학

제2영역	학기	학점	교과목명
인문과학	1	2	독일의 이해, 문화인류학, 언어의 이해, 중국문화의 이해, 청년기 갈등과 자기 이해, 프랑스 문화의 이해
	2	2	동서문화의 교류, 문학의 이해, 영미문학의 이해, 인간심리의 이해, 일본문화의 이해, 한국문화의 이해, 한문의 이해

제3영역	학기	학점	교과목명
사회과학	1	2	국민과 정치, 세계시장의 흐름, 시사경제 해설, 여성과 성, 정보사회의 이해, 현대사회와 여가문화, 현대사회와 행정, 현대인의 회계상식, 재미있는 창업이야기, 21C지식산업과 경쟁력, 통일시대의 북한학
	2	2	기업과 사회, 매스컴과 한국사회, 생활과 법률, 세계속의 한국경제, 여성과 사회, 지방자치의 이해, 현대사회와 복지

제4영역	학기	학점	교과목명
자연과 응용과학	1	2	교양수학, 자연과학개론, 인간과 환경, 현대인의 영양관리
	2	2	과학사 이해, 물질과 생명, 사상의학의 이해, 식생활과 문화

제5영역	학기	학점	교과목명
생활과학과 예술	1	2	가정과 육아, 미술감상법, 생활사진, 스포츠와 건강, 음악의 이해, 패션과 문화, 한국미술의 이해, 호신술
	2	2	레저스포츠, 생활과 공예, 생활과 디자인, 댄스스포츠, 영화의 이해, 음악감상과 비평, 인간성장과 발달

제6영역	학기	학점	교과목명
외국어	1	2	독일어1, 불어1, 스페인어1, 일본어1, 중국어1, 고급영어회화1(2학년 개설)
	2	2	독일어2, 불어2, 스페인어2, 일본어2, 중국어2, 고급영어회화2(2학년 개설)

학점은 각 교과목의 한 주당 수업 시간 수를 의미한다. 그러나 과목에 따라 시간 수와 학점이 다른 경우도 있다. 또한 과목에 대한 성적, 즉 A부터 F까지를 의미하기도 한다.

수강은 대학에서의 수업을 듣는다는 의미이며, 재수강은 학점을 얻지 못하거나(F 학점) 이미 받은 과목의 학점이 좋지 않을 때 다시 듣는다는 뜻이다.

폐강은 강의가 없어진다는 것으로 보통 학생들의 수강 신청 결과 학교에서 정하는 일정 이상의 학생이 없을 때 결정된다.

수강변경은 학기 전 수강한 과목에 대해 학기 시작 1~2주일 안에 변경하는 제도이다. 이 경우 변경할 수 있는 학점의 제한이 따르게 된다.

▮ 기숙사 모습 ▮

▮ 교양 도서 ▮

✔ 강의계획서 열람

강의계획서는 교수가 담당하는 과목에 대한 계획을 담고 있다. 즉 교과목 안내 (과목명, 강의시간, 학점)와 교수자의 정보(연락처, 연구실 등) 그리고 강의 방법과 목표, 주별 학습계획 및 과제물 등에 대한 정보로 이루어져 있다.

수강신청을 위해서는 반드시 각 과목에 대한 강의계획서를 열람하여 본인의 수 강 능력에 맞는 과목들을 선정해야 한다. 모든 과목에 대한 강의계획서는 온라인 으로 확인이 가능하다.

교과과정	국어문법론	교과목코드		이수구분	전선	학점	3
교수소속	경원대학교 국어국문학과	교수성명	김진호	전화	031-750-0000		
email	JHK11@kyungwon.ac.kr			수업형태	이론 강의		
수업방식	강의식 / 세미나식 / 실기 / 개별지도 / 집단지도			기자재	컴퓨터		
평가기준	출석 : 20% 과제물 : 20% 정규시험 : 60% 수시시험 : 0% 기타 : 0%						

과제 및 참고문헌

[주교재] 고영근·남기심, 1985, 표준국어문법론, 탑출판사.
[부교재] 이관규, 1999, 학교문법론, 월인.
　　　　임홍빈·이익섭, 1994, 국어문법론, 학연사.

수업목표

한국어 모어화자의 언어능력은 누구에게나 동일하다. 그러나 그러한 언어능력은 실제 언어 현장에서 각각 다르며 심지어 불완전한 모습으로 나타나기도 한다. 우리는 본 과목을 통해 한국어의 형태, 통사적인 기본 지식과 전문 지식을 바탕으로 하여 타 언어와 다른 한국어의 특징에 대해 고찰한다.

교과특성 및 수강생 유의사항

1. 강의 시작 전 정독할 것.
2. 결석, 지각하지 말 것.
3. 과제물은 지정한 날짜에 제출할 것.

┃강의계획서 예┃

주차	기간	수업내용	과제 및 참고문헌
1	09/01 – 09/05	국어와 국어문법, 국어의 특징	제1편 1–2장
2	09/08 – 09/12	국어문법연구의 어제와 오늘 / 형태소	제2편 형태론
3	09/15 – 09/19	품사분류의 기준과 실제	
4	09/22 – 09/26	체언과 조사	
5	09/29 – 10/03	활용론	
6	10/06 – 10/10	관형사, 부사, 감탄사 / 품사의 통용	연습문제 풀이
7	10/13 – 10/17	단어형성의 원리	요약정리
8	10/20 – 10/24	중간고사	
9	10/27 – 10/31	문장의 성분 / 주성분	제3편 통사론
10	11/03 – 11/07	부속성분 / 독립성분	
11	11/10 – 11/14	문법 요소 / 사동과 피동	
12	11/17 – 11/21	시제와 동작상 / 높임법	
13	11/24 – 11/28	문장종결법 / 부정문	
14	12/01 – 12/05	문장의 짜임새 / 문장 속의 문장	연습문제 풀이
15	12/08 – 12/12	이어진 문장 / 이야기	요약정리
16	12/15 – 12/19	기말고사	

❸ 성적 산출기준

대학에서는 한 학기 두 번의 시험과 출석 그리고 과제물(리포트)의 점수에 의해 학점이 부여된다. 이 가운데 출석과 관련해서는 다음을 유의해야 한다. 한 학기 16주를 기준으로 4분의 1, 즉 5주 이상을 결석하게 되면 시험점수에 관계없이 낙제(F)를 하게 되어 재수강을 해야 한다.

등급	실점	평점
A+	95 – 100	4.5
A	90 – 94	4.0
B+	85 – 89	3.5
B	80 – 84	3.0
C+	75 – 79	2.5
C	70 – 74	2.0
D+	65 – 69	1.5
D	60 – 64	1.0
F	0 – 59	0.0

✔ 성적 경고

한 학기의 성적을 기준으로 평점 평균이 1.5에 미달하거나 3과목 이상 F등급을 받게 되면 성적 경고를 받는다. 그리고 재학 중 수강신청을 하지 않아도 성적경고를 받는다.

✔ 제적 처리

재학기간 중 연속하여 성적경고를 받은 자와 통산하여 4회 성적 경고 처분을 받은 자는 제적처리한다.

❹ 강의평가서

강의계획서가 학기 시작 전 교수가 학생들에게 해당 과목에 대한 여러 정보를 제공하는 것이라면 강의평가서는 학기가 끝나고 학생이 해당 과목의 수업에 대해 여러 가지 평가를 하는 것이다. 이에는 교수 및 교과목에 대한 평가를 포함해 본인의 학습 태도와 바라는 점 등을 기록하게 된다. 이를 토대로 교수는 좀 더 나은 강의를 하는데 도움을 받게 된다. 요즘은 컴퓨터 프로그램으로 이를 평가하고 있다.

교 수 활 동 평 가					
1.강의계획서에는 강의에 관한 정보가 잘 정리되어 있었다.	⑤	④	③	②	①
2.교수님은 매시간 강의준비를 철저히 하여 수업에 임하셨다.	⑤	④	③	②	①
3.교수님은 충실하게 수업을 관리하셨다(출결관리, 휴강 후 보강 등)	⑤	④	③	②	①
4.수업자료(교재, 학습자료)는 강의를 이해하는데 도움이 되었다.	⑤	④	③	②	①
5.강의는 전반적으로 학기 초에 계획했던 대로 진행되었다.	⑤	④	③	②	①
6.교수님은 다양한 방법(질의·응답·토론 등)을 사용하여 학생들의 능동적 참여를 유도하셨다.	⑤	④	③	②	①
7.수업내용 및 진행방법은 학생들이 이해하기에 적절한 수준이었다.	⑤	④	③	②	①
8.이 강의에 대해 전반적으로 만족하며 동기나 후배에게도 추천하고 싶다.	⑤	④	③	②	①

유 형 별 평 가						
강의중심	9.교수님은 질의응답을 통해 학생들의 이해정도를 파악하셨다.	⑤	④	③	②	①
	10.수업내용을 명확하고 쉽게 이해할 수 있었다.	⑤	④	③	②	①
실험·실습	9.교수님은 실험·실습환경(실험·실습실 및 기자재)을 적절히 활용하셨다.	⑤	④	③	②	①
	10.실험·실습은 이론 수업과 연계되어 이루어졌다.	⑤	④	③	②	①
설계실습	9.교수님은 지속적으로 설계내용을 체크하고 지도와 조언(코멘트)를 주셨다.	⑤	④	③	②	①
	10.설계실습 수업을 통해 설계와 관련된 이론과 지식 및 설계실무능력이 향상되었다.	⑤	④	③	②	①
실 기	9.준비한 실기내용을 구체적으로 점검받을 수 있는 기회가 충분하였다.	⑤	④	③	②	①
	10.교수님은 다양한 방법(시범 등)을 통해 학생들의 실기 수행능력 향상에 도움을 주셨다.	⑤	④	③	②	①
영어전용 강의	9.대부분의 수업활동이 영어로 진행되었다.	⑤	④	③	②	①
	10.교수님은 강의내용을 영어로 충분히 전달하셨다.	⑤	④	③	②	①
외국어 강의	9.수업에서 외국어를 사용할 수 있는 기회가 충분하였다.	⑤	④	③	②	①
	10.본 강의를 통해 말하기, 듣기, 읽기, 쓰기 등의 외국어능력이 향상되었다.	⑤	④	③	②	①
초청강연 강좌	9.매 주차별 강의주제의 선정은 연계성이 있었다.	⑤	④	③	②	①
	10.초청강사의 현장경험은 관련분야를 이해하는데 도움이 되었다.	⑤	④	③	②	①
임상실습 (한의대, 간호학과)	9.임상실습 강의를 통해 실습에 대한 자신감이 생겼다.	⑤	④	③	②	①
	10.임상실습의 교육내용에 만족하였다.	⑤	④	③	②	①

| 강의평가 예 |

설 문 내 용	매 우 그렇다	그렇다	보통 이다	아니다	전 혀 아니다
자 기 진 단					
나는 이 과목을 수강하기 전에 강의계획서를 읽고 과목의 성격을 파악하였다.	⑤	④	③	②	①
나는 수업시간에 적극적으로 참여하였다.	⑤	④	③	②	①
나는 수업시간 외에도 이 과목을 열심히 공부하였다.	⑤	④	③	②	①

❺ 기타 대학 생활

대학의 학기별 학사일정에서 중요한 행사 등을 미리 알고, 휴학과 복학 제도에 대해 살펴보자.

✔ 학사일정

한국 대학들은 1년 2개 학기로 운영되며, 일반적으로 졸업 때까지 4년 8개 학기를 마친다. 1년은 봄학기(3월부터 6월까지의 16주 수업)와 가을학기(9월부터 12월까지의 16주)로 구성된다.

각 학기별 중요 행사 등을 개강 전 미리 확인할 수 있으며, 학기 중 중간고사와 기말고사 등의 시험기간이 정해지기 때문에 미리미리 준비해야 한다. 시험 외에 중요한 학교 행사로는 학생들의 축제와 체육대회 그리고 취업박람회 등이 개최된다.

매년 신입생이 들어오는 3월부터는 동아리에서 새로운 신입회원을 모집하기 위해 다양한 행사를 준비하며, 선배들의 후배 챙기기가 다양하게 진행된다.

대학생활에서 빼놓을 수 없는 것이 추억과 낭만이다. 물론 학교의 여러 생활이 나중에는 다 추억이 되겠지만 그 중 대표적인 것에 M.T란 것이 있다. 동일 학년까지 가는 학년 M.T와 학과 전체 학생이 가는 학과 M.T가 있다. 이는 여행을 통한 단체간의 친목도모를 특징으로 한다.

1	2	3
	4	

1. 취업박람회의 전경
2. 시험 중인 학생들
3. 단체 M.T 사진
4. 대성리 주변의 북한강

✔ 휴학과 복학

휴학은 일반휴학과 질병휴학이 있다. 전자는 등록금을 내지 않고 학기 시작 전 학교가 정한 기간 내에 휴학원을 제출하는 경우와 등록한 학생으로서 중간고사 실시 이전에 휴학원을 제출하는 경우가 있다. 단, 신입생에게는 1학기 재학기간 중에 휴학을 허가하지 않는다. 휴학기간은 1회에 2학기를 초과하지 못하며, 통산 3년(6학기)을 초과할 수 없다.

휴학한 자가 휴학기간 만료로 다시 학업을 계속하자고 하는 것을 복학이라 한다. 복학을 하려는 자는 해당학기 등록기간 내에 복학원을 제출하여야 한다. 만약 휴학기간 만료 후 해당 학기에 복학하지 않으면 제적처리 된다.

대학생활의 낭만, 동아리 활동

대학에는 학과 생활과 달리 취미 활동이 같은 학생끼리 모여 단체활동을 하는데, 이를 동아리라 한다. 한때 '써클'이라는 명칭으로 불렀던 것을 순수한 한국어 명칭으로 바꾼 것이다. 각 대학마다 다양한 동아리들이 활동하고 있으며 재학 중에는 물론 졸업 후에도 지속적인 관계를 맺고 있다. 동아리의 구체적인 명칭을 살펴보면 다음과 같다.

■ 학술분과

셈틀그림비, EPIC, TIME, A.L.A

■ 취미봉사과

호우회, 다섯손가락, 예담, HAM, 흰돌
검은돌, 달구지, 유스호스텔

■ 체육분과

축구부, 산악부, 타이브레이크, ATLAS,
스킨스쿠버, OO헬스회, 검도부, 의기천추, 무사태부

▌동아리 홍보 게시판 ▌

■ 종교분과

SFC, UBF, CAM, CCC, 불교학생회, 가톨릭학생회, 대한불교조계종

■ 전시창작분과

빛과 영상, 스냅샷, 낙서둥지, 꼴꼿데, 그림패, 서화회, 시인의 마을

■ 음악분과

파랑새, 하늬바람, 고운소리, 천하대장군, 현음

■ 공연행사분과

소리상자, 음초롱, 넋, E.PU

■ 사회과학분과

VIP, 이음터, 한줄기, 섹션

※ 단어 학습 ※

1. 보기 단어의 뜻풀이로 적당한 것을 찾아 이으시오.

습득하다 재정능력 수혜증명서 로그인화 열람 낙제 토대 취업박람회

(1) 습득하다 　　　　• 취직을 위한 정보를 제공하는 대회.

(2) 재정능력 　　　　• 받았다는 것을 확인하는 문서.

(3) 수혜증명서 　　　• 학문이나 기술 따위를 배워서 자기 것으로 함.

(4) 로그인화 　　　　• 진학 또는 진급을 못함.

(5) 열람 　　　　　　• 책이나 문서 따위를 죽 훑어보거나 조사하면서 봄.

(6) 낙제 　　　　　　• 경제적인 역량.

(7) 토대 　　　　　　• 자신의 계정에 들어가서 확인하도록 함.

(8) 취업박람회 　　　• 어떤 사물이나 사업의 밑바탕이 되는 기초와 밑천을
　　　　　　　　　　　비유하는 말.

2. 보기에서 빈 칸에 들어갈 단어를 찾아 쓰시오.

차근차근　　조달하다　　학사일정　　과제물　　제적　　축제　　챙기다

(1) 일정 기간 동안 학교 방침, 커리큘럼의 계획을 (　　　　)이라 한다.

(2) 다음 주 이 시간까지 꼭 (　　　　)을/를 제출하도록 하십시오

(3) 대학에서는 성적경고를 일정 횟수 이상 받으면 (　　　)된다.

(4) 해마다 겨울철이 되면 강원도에서는 여러 (　　　)가 열린다. 빙어(　), 산천어
　　(　), 송어 (　)이/가 있다.

(5) 급하고 화가 날수록 (　　　) 생각해서 대처해야 후회를 하지 않는다.

(6) 여행을 갈 때에는 필요한 물건을 찾아서 갖추어 놓거나 무엇을 빠뜨리지 않았
　　는지 잘 (　　　)야 한다.

(7) 이번 학기에는 아르바이트를 구하지 못해 부득이 부모님으로부터 학비와 용돈
　　을 (　　　　).

※ 내용 확인 ※

① 다음의 질문에 알맞은 내용을 찾아 쓰시오.

　(1) 체류기간 연장의 제한 기준은 무엇인가?

　(2) 대학에서 강의를 듣기 전 과정을 기술하시오.

　(3) '동아리'란 무엇이며, 그 종류에 대해 알아보자.

② 다음을 읽고 내용과 일치하면 ○, 아니면 ×, 모르면 △ 표를 하시오.

　(1) 외국인이 한국에 거주하기 위해서는 비자의 발급과 체류기간 연장이라는 과정
　　을 거쳐야 한다. (　　　)
　(2) 수강은 대학에서의 수업을 듣는다는 의미로, 정해진 기간 안에 변경도 가능하다.
　　(　　　)
　(3) 강의평가서는 교수가 학생들의 수강 태도를 평가하는 것이다. (　　　)
　(4) 한국대학의 학제는 1학기(3-6), 2학기(9-12)로 구분된다. (　　　)
　(5) 대학에서의 MT의 가장 큰 목적은 친목도모이다. (　　　)

③ 아래는 동아리의 활동모습이다. 관련한 활동에 대해 이야기해 보자.

┃다양한 동아리 활동 모습┃　　　┃신학기 초 동아리 신입회원 유치전┃

❈ 활 용 ❈

① 현재 대학에 재학 중입니까? 아니면 진학을 앞두고 있습니까? 대학생
활에서 무엇이 그리고 어떤 점이 가장 힘들지에 대해 이야기해 보시오.

② 관심있는 동아리 활동에 대해 써보시오. 아니면 여러분이 만들고 싶은 동
아리가 있다면 써보시오.

5부 한국의 경제 및 금융

01 한국의 경제

○ 세계 경제에서 한국의 경쟁력은 무엇일까요?

┃ 선적을 기다리는 광양의 컨테이너 ┃ 　　　┃ 세계 속의 기업, 삼성 ┃

❊ 학습 내용 ❊

경제는 인간의 생활에 필요한 재화나 용역을 생산·분배·소비하는 행위다. 한국의 경제는 해방 후 남북분단과 6·25 전쟁의 폐허 속에서 정부와 기업, 국민들의 뼈를 깎는 노력으로 기적을 일궈냈다.

◆ 광복 이후, 각 시기별 한국경제의 발전사에 대해 이해할 수 있다.
◆ 한국 경제의 급속한 발전과 그 과정 속에서 성장한 한국 기업을 알 수 있다.
◆ 소비 유형으로서의 오프라인 시장과 온라인 시장의 장·단점에 대해 이해할 수 있다.

① 상황회화

A : 선생님, 상품의 가격은 어떻게 결정되는 건가요?

B : 그건 수요와 공급의 관계로 결정돼. 즉 어떠한 물건이나 서비스에 대한 공급 능력과 그것을 사려는 수요량에 따라 가격이 정해진다고 보면 돼.

A : 만약 공급능력이 수요량을 앞지르면, 가격이 내려가서 좋겠군요.

B : 과연 그럴까? 기업에서 생산한 물건의 재고량이 높아지면 경기가 불안해지고 물가가 폭락할 수도 있지. 결국 기업측에서는 공장 설비와 직원을 줄이게 될 것이며, 그 결과 실업자가 증가해 경기가 불황으로 빠지게 되지.

A : 반대로 수요량이 공급량보다 많아지면 물가가 폭등해 서민들의 삶은 더 어려워지잖아요.

B : 전자를 '디플레이션', 후자를 '인플레이션'이라 하는데, 어느 한쪽으로 치우치지 않도록 정부의 역할이 중요하지.

② 인간과 경제활동

먼 옛날, 모든 것을 스스로 해결했던 인간의 삶과 경제활동은 산업화, 도시화, 정보화로 대별되는 지금과 비교할 수 없을 만큼 달랐다. 그 사이 인간들의 경제활동은 어떠한 변화를 겪어 왔는지 알아보자.

❶ 과거의 경제활동

▮ 반도체 연구원의 모습 ▮

수렵과 어로 및 채집 생활에서의 인간의 경제활동은 자급자족이었다. 즉 본인이 먹고 생활에 필요한 모든 것들을 스스로 해결하는 방식이었다.

그 후, 인간의 삶의 방식이 농경과 목축으로 변하고 도구 등을 사용하면서부터 생산된 잉여물을 다른 사람의 물품과 직접 교환하였으며 더 나아가 화폐와 같은 경제적 가치물 등으로 교환하기에 이르렀다.

18세기를 전후한 산업혁명을 기점으로 경제활동에 시민들의 참여가 활발해지고 공장을 통한 대량생산 등이 가능해지면서 자본가와 노동자 계층이 구분되었고 오늘날과 같은 경제 체제가 형성되었다.

❷ 현재의 경제활동

산업혁명 이후 인간의 경제활동 중 가장 커다란 변화는 개인의 노력과 경쟁으로 인한 재산 증식 및 자본의 축적이 가능해졌다는 것이다. 이를 시장경제 체제라 한다.

한편, 시장의 기능을 개인의 책임에만 맡기다보니 개인의 힘으로는 해결이 불가능한 여러 가지 문제점 등이 생겨나기에 이

▌메모리반도체의 세계적 기업, 하이닉스▐

르렀다. 이에 정부가 개인의 경제활동을 일부 규제하려는 움직임이 생겨났다. 현재 대부분 나라의 경제 운용은 이 두 방법을 적절히 섞어 운용하고 있다.

21세기의 국제화, 세계화 추세 그리고 정보통신의 혁신적인 발전은 인간의 전통적인 경제활동 방식에 많은 변화를 가져왔다. 즉 회사에 가지 않고 집에서 업무를 본다거나 직접 금융기관을 방문하지 않고도 홈뱅킹이나 인터넷을 이용해 각종 금융거래를 하고 있다.

② 세계와 한국 경제의 발전

오늘날 한국의 경제는 세계 경제의 중심이라는 나라들과 어깨를 나란히 할 정도로 급성장을 하였다. 한 때 '아시아의 떠오르는 용'이라든지 '한강의 기적'의 찬사

를 들었을 정도이다. 그러나 이러한 성장의 시작은 참으로 미미한 경제력에서 출발하였다.

❶ 한국경제의 발전

한국경제의 발전상은 해방 후를 기점으로, 50년대, 60년대 그리고 60년대 이후 1990년대로 구분해 살펴볼 수 있다.

✔ 해방 후의 한국경제

▎농업의 대표적 생산물, 쌀▎　　　　▎보리의 성장▎

한국은 1945년 일본의 식민지로부터 해방되었지만 35년간 일본의 경제 수탈로 인해 암흑기와 같은 생활을 할 수 밖에 없었다. 뿐만 아니라 정치적으로 남과 북으로 갈라지면서 인구밀도가 높아진 남한의 경제는 후진국의 농업 국가를 벗어날 수가 없었다. 왜냐하면 당시 풍부한 지하자원과 수력자원 및 공업시설을 갖추고 있던 북쪽과는 달리 남한은 농업 중심의 경공업이 주를 이루었기 때문이다.

✔ 1950년대의 한국경제

50년대의 한국은 가뜩이나 어려운 경제 현실에 북한의 불법적인 남침으로 그나마 있던 산업시설이며 도로, 항만, 주택 등의 파괴로 인해 거의 빈사지경이었다. 휴전을 전후로 피난민이 증가하면서 더더욱 어려움이 가중되었다.

그러나 미국을 중심으로 한 우방국들의 원조는 가뭄에 단비와 같았으며, 충분하지는 않았지만 그것으로 새로운 역사를 만들 준비를 할 수 있었다.

✔ 1960년대의 한국경제

한국경제는 1960년대 정권을 새로 잡은 박정희 대통령의 의지와 하루 빨리 가난에서 벗어나고자 했던 국민들의 노력, 그리고 당시 러시아, 중국, 일본 등에 대한 미국의 대아시아 정세로 본격적인 성장을 할 수 있었다.

▌국내 최초의 고로(용광로) 업체, 포스코▐

특히 1962년부터 시작된 정부 중심의 경제개발 5개년 계획은 농업 중심의 후진적 경제기반을 중화학 중심의 선진국형으로 탈바꿈하는 가장 큰 역할을 하게 되었다.

✔ 1967년 이후 1990년대의 한국경제

머리카락도 수출했던 한국

경제가 어려웠던 시기 지금보다 좀 더 잘 사는 나라를 만들겠다는 국민들은 다른 선진국 국민들이 하려들지 않은 힘들고 어려운 일을 가지고 와서 장인의 정신으로 만들어 다시 그 나라에 팔았으며, 외국에서 사온 질좋은 물건을 보면 'Made in korea'라는 라벨이 붙어 있을 정도였다. 당시 돈이 되는 것이라면 뭐든지 팔아 달러를 벌어 들였던 시기로, 한국 여성들의 고운 머릿결도 경제가 어려웠던 시절 훌륭한 수출품이었다.

1962년부터 5년을 주기로 한 경제개발 정책으로 한국 경제 발전의 기반이 형성되었고 수출이 조금씩 증가하였으며, 국민 소득도 점차적으로 늘어나기 시작하였다. 그 후 1967년부터 1971년의 2차 경제개발 시기에는 화학, 철강, 기계 공업의

거제도 삼성중공업의 전경

발전 그리고 고속도로의 건설 등으로 수출주도형 산업시스템으로 변하게 되었다.

1972년부터 1976년까지 제3차 경제개발 시기에는 제철, 석유, 조선, 전자 등의 집중투자와 중동의 건설 붐으로 지속적인 성장을 할 수 있었다.

77년부터 시작된 제4차 경제개발 5개년 시기의 첫 해에 수출 100억 달러 달성에 1인당 GNP가 944달러에 이르렀으며, 82년부터 86년까지는 지금까지의 성장 제일주의에서 벗어나 안정, 능률, 균형을 기조로 한 경제정책을 펼치게 되었다. 그리고 91년까지의 경제성장을 기반으로 하여 86 아시안 게임과 88 서울올림픽을 성공적으로 개최하며 선진국의 문턱에까지 도달할 수 있게 되었다.

고속도로 건설과 새마을운동

1950년대 한국전쟁과 그 이후 정치적 혼란으로 야기된 어려움을 극복하고 한국경제 발전 및 산업 근대화의 추진은 우리 민족의 최대 과제였다. 이를 위해 박정희는 물적, 인적 자원의 신속하고도 원활한 흐름으로서의 도로망에 관심을 가지고, 많은 국민들의 반대를 무릅쓰고 고속도로 건설을 강행했으며, 농촌의 근대화 성격으로 시작한 새마을운동은 이후 한국 경제발전의 정신적인 힘이 되었다. 즉

고속도로 이용객의 편안한 휴식처

근면, 자조, 협동이라는 새마을정신으로 온 힘을 합친 한국은 세계에서도 예상하지 못한 급속한 경제발전을 이루게 되었다. 여기서 시작된 전 국민의 근면정신은 오늘날까지 세계에서 가장 부지런한 민족, 성실한 민족으로 평가받게 된 계기가 되었다.

❷ 시대별 한국경제의 변화

'한국경제의 변화'에서는 한국은행 통계자료와 『숫자로 보는 광복 60년』(3~18 쪽)을 참고하여 한국의 경제성장, 국제수지, 경제구조의 변화에 대해 살펴보고자 한다.

✔ 경제성장

한국의 국내총생산 규모는 1962년 시작된 경제개발 5개년 계획의 성공적인 수행 등에 힘입어 괄목할 만한 성장을 거듭하여 2007년 중 9,699달러를 기록했다. 이는 6.25 전쟁이 끝난 해인 1953년의 13억 달러에 비해 약 746배로 확대된 것이다.

한국의 국민총소득은 1953년 14억 달러에서 1970년 82억 달러로 상승하였으며, 1972년 107억, 1986년 1,089억, 2000년 5,096억에 이어 2007년에는 9,713억 달러를 보이고 있다. 그리고 1인당 국민총소득은 1977년 처음으로 100달러대에 올라 1977 년 1,000달러 시대, 1995년 드디어 10,000달러를 돌파했다. 그 후 2000년(10,841), 2005년(16,413)에 이어 2007년에는 20,045달러까지 상승했다.

┃경제성장┃

연중	국내총생산 명목GDP 억달러	국민총소득 명목GNI 억달러	1인당 GNI 명목 달러	경제성장률 실질GDP %
1953	13	14	67	..
1963	27	27	100	9.1
1973	137	137	401	12.0
1983	845	828	2,076	10.8
1993	3,621	3,614	8,177	6.1
2003	6,080	6,080	12,720	3.1
2007	9,699	9,713	20,045	5.0

✔ 국제수지

▌세계에서 가장 중요한 국제통화인 달러▐

국제수지에서는 1950년 이후 외환위기가 발생한 1997년까지 상품수지가 적자를 보이면서 경상수지도 적자를 면치 못하였으나(1986년부터 1989년까지는 달러화 약세, 저유가, 저금리의 3저 현상으로 흑자 기록. 1993년 흑자) 1998년 이후에는 상품수지 흑자와 함께 경상수지도 흑자를 지속하고 있다. 아래와 같다.

▌국제수지▐

1953	⋯	1997	1998	⋯	2002	2005	2007
−67.8		−8,287.4	40,371.2		12,250.8	14,980.9	5,954.3
적자 지속			흑자 전환				

2007년 말 기준 외환보유액은 2,622억 달러로 1960년 말의 1.6억 달러에 비해 약 1,638배에 달한다. 외환위기를 겪었을 때인 204억 달러에 비해서도 12배로 증가하였다.

✔ 경제구조

▌대한민국 석유사업의 사회적 책임을 다하는 GS 칼텍스 사업장▐

산업구조는 농, 임, 어업 비중은 하락하고 광공업, 서비스업은 꾸준히 증가함으로써 선진국 구조로 접근하고 있으며, 이러한 산업구조의 변화에 따라 취업구조도 변화하고 있다. 그리고 수출구조도 경공업제품 위주에서 중화학공업 위주로 바뀌었으며, 미국과 일본 중심의 수출국도 여러 나라로 다변화되고 있다.

	농림어업	광공업	사회간접자본 및 기타서비스업
2000	2,243	4,310	14,603
2002	2,069	4,259	15,841
2004	1,825	4,306	16,427
2007	1,726	4,137	17,569

▌산업별 취업자 변화 추이(천명, %)▐

외국인들의 눈에 비친 한국인의 이미지

한국의 비약적인 경제성장은 정부와 기업 그리고 온 국민들의 힘과 땀으로 이루어진 결과물이다. 이러한 과정 속에서 하나 둘씩 쌓인 한국인의 모습은 외국인들에게 여러 가지 모습으로 다가갔다. 어떤 외국인들은 한국인들은 '너무 급하다', '일중독'이라고 평가하는가 하면 또 다른 사람들은 '부지런하고 열정적이다'와 '친절하다'는 평가를 하기도 한다.

❷ 세계 속의 한국경제

세계 속 한국경제의 모습은 한국은행 경제통계시스템(http://ecos.bok.or.kr/)의 자료에 기초한 것으로, 어려운 경제 여건 속에서 정부, 기업, 국민 모두가 한마음 한뜻이 되어 힘을 모은 결과이다.

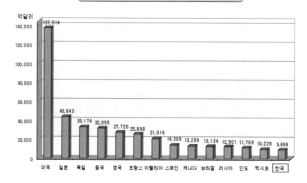

주요국의 GDP 규모(2007년 명목 기준)

*GDP(국내총생산): gross domestic product 국내에서 일정 기간 내에 발생된 재화와 용역의 순가치를 생산면에서 포착한 총합계액.

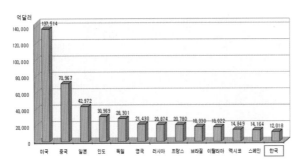

*PPP 환율: Porchasing Power Parities

한 나라의 화폐는 어느 나라에서나 같은 구매력을 지닌다는 가정 아래 각국 통화의 구매력을 비교해 결정하는 환율이다.

예: A의 물건 값이 한국에서 10,000원이고 미국에서 10달러라 하면 명목환율은 1달러에 1,000원이 되어야 한다.

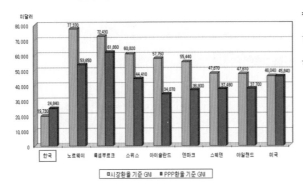

*GNI(국민총소득): Gross National Income

한 나라의 국민이 일정 기간 생산활동에 참여하여 벌어들인 소득의 합계이다.

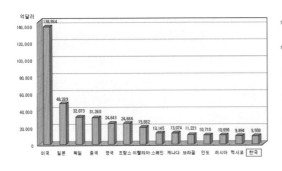

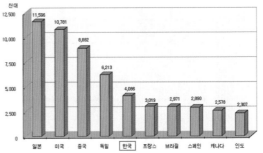

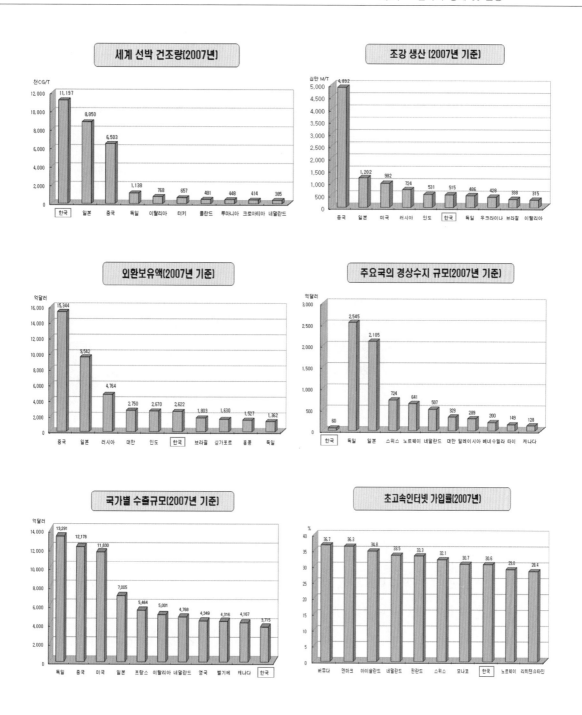

이러한 경제의 발전은 세계 속의 한국을 이미지화하는데 매우 중요한 역할을 하고 있으며, 국내 기업이 생산한 품목 중 세계 시장 점유율 1위 품목이 127개라는 수치를 보이고 있다. 연도별 세계 시장 점유율 1위를 기록한 품목수는 아래의 도표와 같다.

2002	2003	2004	2005	2006	2007
49	59	78	86	121	127

* '05년까지는 자격심사대상 품목 기준, '06년부터는 기선정 품목 기준

2007년 기준으로, 대표적인 1의 품목으로는 메모리 반도체(49.1%), LNG운반선(80.5%), 해수담수설비(43.0%), 박막액정디스플레이(38.5%), CD-ROM 드라이버(42.0%), 플래시 메모리(53.7%), 김치(84.9%) 등이 있다.

127개 품목을 생산기업으로 구분해보면 삼성전자와 현대중공업이 각각 26개 품목으로 가장 많이 보유하고 있으며, 그 뒤를 LG전자(13개)와 LG화학(12개)이 잇고 있다(이 통계는 2008년 12월 12일 지식경제부 보도자료에서 인용한 것이다). 또한 세계 시장 점유율 5위 안에 드는 상품도 2007년 370개에서 2008년 380으로 늘어났다.

❹ 세계 속의 한국기업

1960, 1970년대 정부 중심의 수출 경제정책은 한국을 대표할만한 세계적인 기업을 만드는 계기가 되었다. 오늘날 많은 대기업들이 존재하며 그리고 그 아래의 수많은 중소기업들이 한국 경제를 이끌어 온 한 주체임에 틀림없다. 그러나 세계 기업들과 어깨를 나란히 하는 한국의 대표적 기업을 들라면 삼성(38위), LG(67위), 현대(82위), SK(86위)가 될 것이다.(이들은 2008년 FURTUNE지가 선정한 세계 100대 기업이다. 참고로 포브스지에서는 삼성전자(46위), LG corp(73위), 현대자동차(76위), SK 에너지(98위)가

선정되었다) 실제로 외국인들이 한국을 떠올리는 데 이들 기업들이 상당한 역할을 하고 있음을 여러 설문조사에서 확인할 수 있다.

1. 한국을 넘어 세계적 자동차 전문회사로 발돋움하는 현대 · 기아
2. 전자 · 기계 · 화학 · 금융 등 대한민국을 넘어 세계 속에 우뚝 선 한국의 대표브랜드 삼성
3. 1947년 첫 걸음을 내딛은 이래 글로벌 기업으로 성장한 LG

✔ 삼성 그룹과 현대 그룹

한국에서 가장 세계적인 기업은 삼성이다. 전자, 금융, 기계, 건설, 화학, 호텔, 의료, 교육 사업 등을 계열로 지닌 기업으로, 특히 삼성전자의 반도체 산업은 세계적이라 할만하다.

현대 그룹은 금융, 의료, 상선 등을 계열사로 지닌 기업으로, 김대중과 노무현 정부시절부터 대북 사업에 정성을 쏟고 있다. 여기에서 분리된 현대자동차와 현대중공업도 범 현대라 할 수 있다.

217

✔ LG 그룹과 SK 그룹

LG 역시 크게 전자, 화학, 통신·서비스를 계열사로 지닌 기업이다. SK 그룹은 에너지·화학, 정보통신, 물류 서비스 등을 계열사로 지닌 기업이다.

✔ 국내 30대 기업

1. 국내외 플랜트 사업의 대표 주자 중 하나인 두산중공업
2. 글로벌 에너지 기업으로 발전하는 한국전력
3. 한국 철강산업의 꿈을 실현시킨 포스코

국내의 대표적인 기업으로는 삼성, LG, 현대, 롯데, 포스코, 두산, 현대중공업, 한화, 동부, 대우조선해양, 금호아시아나, 신세계, KCC, CJ, LS, GS, KT, 한국도로공사, 한국전력공사, 대한주택공사, 한진, 한국철도공사, 대림, 한국가스공사, 현대자동차, 하이닉스, STX, 한국토지공사, GM대우, SK 등이 있다.

이들 한국의 기업들이 해방 후 지금까지 생산한 공산품 양의 추이를 보면 한국 경제의 발전상을 뚜렷이 확인할 수 있다. 농산물을 포함한 공산품 생산량의 추이에 대한 내용은 『숫자로 보는 광복 60년』(13쪽)을 인용한다.

주요 농산물 및 공산품 생산량 추이

- 미곡(쌀) 생산량은 그간의 종자개량, 농경기술 진보에 힘입어 꾸준한 증가 추세를 보인 가운데 1998년 최고치(605톤)를 기록한 후 매년 500만톤 내외에서 변동을 보

임(2004년 중 생량은 500만 톤으로 1945년에 비해 2.7배로 증가)

- 철강생산량(조강기준)은 공업화를 위한 기간산업 육성책에 힘입어 특히 1970년대 이후 고도성장을 거듭, 2004년 중에는 1946년의 800톤에 비해 약 5만 9천배로 신장한 4,752만 톤으로 중국, 일본, 미국, 러시아에 이어 세계 5위.
- 2004년 중 자동차 생산대수는 최초 생산년도인 1955년의 7대에 비해 약 50만배로 증가한 347만대로서 미국, 일본, 독일, 중국, 프랑스에 이어 세계 6위.
- 2004년 중 시멘트 생산량은 그간의 꾸준한 건설투자 증가 등을 반영, 1945년의 9천톤에 비해 약 6천배로 증가한 5,433만 톤을 기록(2002년 현재 중국, 인도, 미국, 일본에 이어 세계 5위)
- 2004년 중 선박건조량은 1945년의 8천G/T에 비해 약 1,900배로 늘어난 1,514만G/T로서 세계 1위(2위:일본)

단위	미곡(쌀) 천M/T	철강(조강) 천M/T	자동차 대	시멘트 천M/T	선박 천G/T
1945	1,848	0.8(1946년)	7(1955년)	9	8
1960	3,047	50	550	464	4
1970	3,939	504	28,819	5,822	39
1980	5,,550	8,558	12,135	15,573	655
1990	5,606	23,124	1,321,630	33,575	3,573
2000	5,291	43,107	3,114,998	51,255	11,499
2004	5,000	47,520	3,469,464	54,330	15,143

※ 0.8 : 1946년 기준 / 7 : 1955년 기준 / 1G/T = 100ft3

③ 한국의 소비(쇼핑) 유형

어느 나라든지 생산과 소비는 그 나라 경제의 중요한 한 축으로 기능하고 있다. 특히 현대와 같은 경제 시스템에서 소비 없는 생산은 생각할 수조차 없는 것이다. 그만큼 우리 경제에 있어서 소비라는 경제 활동은 참으로 중요하다.

❶ 오프라인 시장

한국인이 즐겨찾는 오프라인 시장은 그 특색에 따라 백화점, 대형할인마트, 재래시장, 민속시장으로 구분할 수 있다. 유형별 장·단점을 잘 파악하여 쇼핑을 하면 많은 도움이 될 것이다.

✔ 백화점

1. 롯데백화점 잠실점   2. 현대백화점 강남 무역센터점
3. 한국 쇼핑문화를 이끌어가는 신세계백화점 본점

백화점이라는 명칭에서 짐작할 수 있듯이 온갖 물건을 구비해 놓고 파는 소매상이다. 의·식·주와 관련한 대부분의 것을 갖추고 있으며, 또한 다양한 문화 관련의 교육프로그램도 진행하고 있다. 일반 소매상과는 달리 자본력을 갖춘 한국의 대기업이 상품 매입에서부터 판매 그리고 관리를 조직화 체계화해 운영하고 있다. 일반소매상과 비교해 가격이 비싸지만 서비스와 물건의 질적인 측면에서는 높은 점수를 줄 수 있다. 대표적인 백화점으로는 현대백화점, 신세계백화점, 롯데백화점 등이 있다.

✔ 대형할인마트

백화점처럼 한 곳에서 다양한 물건을 구입할 수 있는 대형할인마트는 백화점보

다 좀 더 저렴한 가격대로 소비자를 끌고
있다. 백화점과 비교해도 손색이 없을 정
도의 서비스와 품질을 자랑하면서 많은
소비자를 유혹하고 있다. 요즘은 이러한
할인마트에서 생필품을 구매하는 계층이
점점 많아지고 있다. 대형할인마트로 이
마트, 롯데마트 등이 대표적이며, 몇 개의

▌대한민국 대표 할인점 이마트 ▌

외국업체(월마트, 까르푸 등)가 들어왔지만 한국 소비자의 취향을 제대로 파악하지
못한 채 모두 철수하고 말았다.

✔ 재래시장

▌남한산성 내의 채소 판매 ▌ ▌항상 많은 사람들로 붐비는   ▌한약재 시장의 경동시장 ▌
　　　　　　　　　　　　　남대문시장 ▌

　기업에서 운영하는 백화점이나 대형할인마트가 일반화되지 않았을 때 많은 사
람들이 이용했던 곳이 재래시장이다. 가게와 좌판에서 물건을 흥정하는 정겨운 모
습을 확인할 수 있는 곳으로 오늘날에도 많은 사람들이 이용을 하지만 대형할인마
트와의 가격과 품질 경쟁에서 밀려 많이 쇠퇴한 것이 현실이다.

문화상품으로서의 남대문, 동대문시장

외국인들의 한국 여행에 있어 빼놓을 수 없는 곳이 바로 남대문과 동대문 시장이다. 한국의 외국인 유학생들도 다 잘 알고 있는 곳이기도 하며 한국 사람들도 자주 이용하는 시장 중 한 곳이다.

이곳은 지방에서 장사를 하시는 많은 분들이 물건을 구매하러 오는 도매시장으로도 유명하

▌동대문 시장을 비롯한 주변 상권 ▌

다. 그래서 이곳은 밤부터 새벽 시간대에 활기차다.

✔ 민속시장

▌모란장의 양곡물 ▌

▌모란시장 전경 ▌

▌장날의 먹을거리 ▌

24시 편의점

일반 가게나 마트의 영업시간이 끝난 후 음료수나 스낵 또는 간단한 요기를 하기 위해서 자주 이용하는 곳이 있다. 하루 24시간, 1년 365일 쉬지 않고 영업을 하는 곳으로 24시 편의점이라 한다.

▌24시 편의점 ▌

민속시장은 재래시장과 비슷한 곳으로, 한국적 옛 장터이다. 과거 전통사회의 3일장 5일장이라는 것이 오늘날 민속장이라는 이름으로 바뀐 것이다. 수도권 인근의 유명한 민속시장으로 성남의 모란장을 들 수 있는데, 4와 9가 들어있는 날에 장

이 서고 있다. 그리고 장이 서는 날짜와 날짜의 간격이 5일이어서 오일장이라 칭한다.

❷ 온라인 시장

보편적인 오프라인 시장과 달리 정보 통신의 발달은 사람들의 경제 활동에도 많은 변화를 가져오게 했다. 즉 직접 매장을 방문하지 않고도 집이나 사무실에서 전화나 인터넷으로 편하게 상품구매를 할 수 있다. 이를 홈쇼핑이라 한다.

▌T.V 홈쇼핑 ▌

홈쇼핑은 집에서 상품을 주문, 수령할 수 있으며, 여러 곳의 가격을 비교해 좀 더 저렴하게 구매할 수 있다는 장점이 따르지만 상품을 직접 확인하지 못하고 구매하다 보니 이에 따르는 교환이나 환불 등의 문제가 따르게 된다. 또한 그다지 필요도 없는 물건을 충동적으로 구매하는 경우도 있다.

▌인터넷 쇼핑 ▌

온라인 시장의 급속한 성장은 물건들을 신속 정확하게 소비자들에게 전달하기 위해 부수적으로 많은 관련 사업이 등장하게 되었는데, 그 중 가장 대표적인 것이 바로 택배 사업이다.

※ 단어 학습 ※

1. 보기 단어의 뜻풀이로 적당한 것을 찾아 이으시오.

재화 경기 수렵 재택(근무) 수탈 빈사지경 탈바꿈 충동적

(1) 재화　　　　• 강제로 빼앗음.

(2) 경기　　　　• 거의 죽게 된 처지나 형편.

(3) 수렵　　　　• 원래의 모양이나 형태를 바꿈.

(4) 재택(근무)　• 매매나 거래에 나타나는 호황·불황 따위의 경제 활동 상태.

(5) 수탈　　　　• 돈이나 그 밖의 값나가는 모든 물건.

(6) 빈사지경　　• 사냥.

(7) 탈바꿈　　　• 마음속에서 어떤 욕구 같은 것이 갑작스럽게 일어나는. 또는 그런 것.

(8) 충동적　　　• 집에 회사와 통신 회선으로 연결된 정보 통신 기기를 설치하여 놓고 집에서 회사의 업무를 보는 일.

2. 보기에서 빈 칸에 들어갈 단어를 찾아 쓰시오.

자주 문턱 범 유혹 재래 흥정 장터

(1) 대한민국은 개발도상국의 단계를 넘어 선진국의 (　　　)에 도달했다.

(2) 봄의 황사 현상이 중국이나 몽골뿐만 아니라 한국과 일본에도 많은 문제를 야기하고 있는 것처럼 지구 환경 문제는 이제 (　　)세계적인 관심사이다.

(3) 근대화 시기의 새마을 운동은 대표적인 (　　　) 활동이었다.

(4) 모란시장의 (　　)에는 없는 것이 없을 정도로 다양한 물건들이 있다.

(5) 백화점과는 달리 (　　) 시장에서는 어느 정도 물건 값의 (　　)이/가 가능하다.

(6) 달콤한 말에 (　　)되지 말고 평정심을 찾아라.

3. 보기 단어의 뜻풀이로 적당한 것을 찾아 이으시오.

용역   불황   운용   찬사   항만   우방국   근면   택배

(1) 용역   • 부지런히 일하며 힘씀.

(2) 불황   • 우편물이나 짐, 상품 따위를 요구하는 장소까지 직접 배
달해 주는 일.

(3) 운용   • 칭찬하거나 찬양하는 말이나 글.

(4) 찬사   • 바닷가가 굽어 들어가서 선박이 안전하게 머물 수 있고,
화물 및 사람이 배로부터 육지에 오르내리기에 편리한 곳.

(5) 항만   • 서로 우호적인 관계를 맺고 있는 나라.

(6) 우방국   • 무엇을 움직이게 하거나 부리어 씀.

(7) 근면   • 물질적 재화의 형태를 취하지 아니하고 생산과 소비에
필요한 노무를 제공하는 일.

(8) 택배   • 불경기.

4. 보기에서 빈 칸에 들어갈 단어를 찾아 쓰시오.

협동   계기   손색   취향   좌판   쇠퇴   환불

(1) 어떻게 저런 옷을 입고 다니지? 저 사람 (　　　)은/는 좀 독특한 거 같아.

(2) 김치에는 암 치료, 전염성 질환 예방, 노화 방지와 비만 억제를 도와주는 다양
한 성분이 들어 있어 현대인의 건강 음식으로 (　　　)이/가 없어.

(3) 소비자의 고의나 실수로 인한 고장이 아닌 한 교환이나 (　　　)을/를 받을 수 있다.

(4) "백지장도 맞들면 낫다"라는 말은 (　　　)을/를 강조한 말이다.

(5) 근대화와 산업화가 진행되면서 전통적인 산업이 점점 (　　　)하고 있다.

(6) 영세 상인들은 길거리에 (　　　)을/를 펼치고 장사를 하고 있다.

(7) 이번 실패를 (　　　)(으)로 앞으로 더욱 노력하자.

※ 내용 확인 ※

① 다음의 질문에 알맞은 내용을 찾아 쓰시오.

(1) '경제'의 사전적 정의는 무엇인가?

(2) 과거와 현재의 경제활동을 비교할 때 가장 큰 차이점은 무엇인가?

(3) 정보통신의 발달로 인한 소비 형태의 변화에 대해 설명하시오

② 다음을 읽고 내용과 일치하면 ○, 아니면 ×, 모르면 △ 표를 하시오.

(1) 인간의 경제활동은 자급자족-물물교환-시장경제체제로 변모하였다. (　　　)

(2) 한국의 경제성장에 고속도로의 건설은 힘이 되었다. (　　　)

(3) 2007년 기준, 한국의 세계 판매 1위의 품목은 자동차, 조선, 반도체를 들 수 있다. (　　　)

(4) 일반 소매상은 자본력과 관리의 조직화 및 체계화를 이루고 있다. (　　　)

(5) 최근 들어 홈쇼핑 등의 애용으로 택배사업이 활성화되고 있다. (　　　)

③ 아래의 사진과 관련한 내용에 대해 이야기해 보자.

▌수도권 대표적 전통시장인 모란시장 ▌　　　▌AK PLAZA 백화점 ▌

※ 활 용 ※

① 여러분 나라에서 제일 유명한 한국의 기업은 어디이며, 그 이유에 대해 쓰시오.

② 한국에서 쇼핑을 해 본 적이 있습니까? 그곳의 장·단점에 대해 쓰시오.

02 한국의 금융, 은행

○ 두 금융기관의 관계와 차이점은 무엇일까요?

▌한국의 중앙은행, 한국은행 ▌

▌신한은행 ▌

░ 학습 내용 ░

　사회가 복잡, 다양해지고, 경제 규모가 커지면서 화폐 제도가 도입되었으며, 그 중요성이 날로 커져가고 있다. 또한 이를 취급하는 금융권은 현대 경제의 중요한 역할을 맡게 되었다.

◆ 한국 금융권의 종류와 역할 및 기능에 대해 이해할 수 있다.
◆ 중앙은행인 한국은행의 역할과 기능 그리고 정부의 통화정책에 대해 이해할 수 있다.
◆ 일반은행을 통해 처리할 수 있는 업무에 대해 이해할 수 있다.

1 상황회화

A : 선생님 '금융기관'은 뭐하는 곳이에요?

B : 이의 사전적 정의는 '금융시장에서 통화의 수요자와 공급자 간의 수급을 중개하는 기관'이에요. 쉽게 '은행'이 금융기관의 대표라고 생각하면 돼요.

A : '은행'은 사람들이 돈을 맡기기도 하고 찾기도 하는 곳이잖아요. 그 밖에 또 다른 기능이 있나요?

B : 밍밍 씨는 물건을 살 때 돈이 부족하거나 급하게 돈이 필요할 때 어떻게 해요?

A : 부모님이나 친구, 아는 사람에게서 빌려요.

B : 그런데 돈을 빌려 줄 사람이 없을 경우에는 본인의 재산을 담보로 해서 은행 등의 금융기관에서 빌릴 수도 있어요.

2 한국금융의 메카

▮ 여의도 금융가 ▮

한국 정치의 일번지가 종로라면, 금융의 1번지는 여의도라 할 수 있다. 현재 많은 일반 금융사와 증권사들이 활동하고 있다.

❶ 금융권의 종류

금융은 '금전을 융통하는 일. 특히 이자를 붙여서 자금을 대차하는 일과 그 수급 관계를 이른다.'고 정의되어 있다. 그리고 이러한 금전, 즉 돈을 융통하는 기관을 금융기관 또는 금융권이라 한다.

1	2	3
		4

1. 삼성생명   2. 하나은행   3. 한국 수출입은행   4. 신한은행 지점

✔ 제 1금융권

일반적으로 '은행'이라고 하는 기관을 가리키는 용어다. 다만, 그 기능적 차이에 따라 특수은행, 일반은행, 지방은행으로 구분된다.

✔ 제 2금융권

은행과 달리 보험회사나 신탁회사 그리고 증권회사, 카드사, 상호저축은행 등을 일괄해서 부르는 명칭이다.

✔ 제 3금융권

제 1, 2 금융기관이 제도권 금융기관이라면 3금융권은 제도권 밖의 금융기관으로, 은행이나 제2 금융기관으로부터 대출을 받을 수 없을 때 마지막으로 이용하는 기관이다. 일종의 사채기관이다.

❷ 제 1금융권의 종류

우리는 주위에서 많은 은행들을 볼 수 있는데 일상적인 은행 업무를 보는 일반 은행 외에 특수한 업무를 담당하는 특수은행도 있다.

✔ 특수은행

이는 정부가 특별한 목적을 가지고 만든 은행이다. 예를 든다면, 수출과 수입 업무를 전담하기 위한 수출입은행, 중소기업을 위한 종소기업 등이 그러하다.

✔ 일반은행

우리가 흔히 이용하는 은행으로, 국민은행(KB), 신한은행, 우리은행, 하나은행, 외환은행 등이 있다.

❸ 은행의 은행

은행은 돈이 필요한 사람이나 기업들에게 돈을 빌려주는데, 그럼 은행에 돈이 부족할 때 은행은 누구로부터 돈을 빌려야 할까?

한국의 중앙은행으로서의 은행이 '한국은행'이다. 한국은행에서는 일반 금융기관을 대상으로 예금과 대출업무를 하며, 정부의 외국환 관리 업무와 국고금의 수급 및 대정부 신용업무를 한다. 또한 물가안정을 위한 여러 정책을 결정하며, 우리가 사용하는 지폐와 주화를 발행하고 있다.

✔ 지폐

┃1,000원권 지폐의 이황┃

┃5,000원권 지폐의 이이┃

┃조선시대 한글을 창제한 세종대왕의 10,000원권 지폐┃

┃한국의 대표적 현모양처로 추앙받는 신사임당의 50,000원권 지폐┃

✔ 주화

┃1원 주화┃   ┃5원 주화┃   ┃10원 주화┃

┃50원 주화┃   ┃100원 주화┃   ┃500원 주화┃

② 일반은행의 업무와 이용

현대의 경제활동에 없어서는 안 될 곳이 은행이다. 일반적으로 은행은 일반인들 로부터 예금의 수입을 통해 경제활동에 필요한 자금을 운용하는 기관이다.

❶ 은행의 업무

은행의 대표적인 업무는 예금의 입·출금이다. 그 외 예금자의 편의를 위한 송 금, 공과금 납부, 환전, 대출 같은 업무도 한다.

▮ 은행의 통장 ▮   ▮ 각종 공과금 고지서 ▮   ▮ 현대인의 신용카드 ▮

✔ 예금의 입·출금

예금의 입·출금은 은행의 가장 전통적인 업무로 예금의 입금과 출금을 의미한 다. 사람들은 자신의 예금을 은행에 맡김으로 인해 일정 부분의 이자를 받고 은행 은 그 돈을 가지고 여러 가지 수익 사업으로 벌어들인 돈을 예금자들의 이자로 지 급하게 된다. 그리고 예금자는 필요시 본인의 예금 한도에서 돈을 찾아 다양한 경 제활동을 할 수 있다.

예금의 입·출금을 위해서는 반드시 은행에 통장을 만들어야 하는데, 이를 계 좌개설이라고도 한다. 또한 은행 창구를 직접 방문하지 않고도 여러 금융혜택을 받으려면 은행 카드를 만드는 것이 좋다.

✔ 송금

송금은 계좌간의 거래를 의미하는 것으로 A 계좌에 있는 돈을 B 계좌로 주거나 받는 것을 말한다. 이를 계좌이체라고도 한다.

✔ 공과금 납부

은행에서는 아파트 관리비, 수도세를 포함하여 전기세 등 각종 요금을 수납한다. 우리가 사용하는 핸드폰 요금 또한 수납하고 있다.

✔ 환전 및 대출

은행의 또 다른 업무 중에는 환전과 대출이 있다. 환전은 '바꾸다'는 의미의 '환'과 '돈'이라는 '전'의 결합어로 '돈을 바꾸어 준다'는 뜻이다. 즉 개인이 가지고 있는 돈을 다른 나라의 화폐로 바꾼다든지 다른 나라의 화폐를 한국 돈으로 바꾸는 것을 말한다.

대출은 '빌려 준다'는 의미로, 도서관에서 책을 대출하듯이 은행에서는 돈을 빌린다는 것이다. 즉 자금이 필요한 기업이나 개인 등이 본인의 신용이나 재산을 담보로 맡기고 필요한 돈을 받게 된다. 이 경우 은행과의 약정에 의해 1년에 해당하는 이자를 다달이 부담하게 된다.

은행 통장 개설 과정

1. 은행에 들어가서 번호표를 뽑는다.
2. 해당 번호가 제시된 은행 창구로 간다.
3. 은행 직원에게 번호표를 주고 통장과 현금 카드를 만들고 싶다고 이야기한다.
4. 은행 직원에게 신분증과 도장을 제시하고 문서를 작성한다.
5. 통장과 현금 카드를 발급 받는다.

---

❷ 다양한 매체의 은행 업무

금융거래를 위해 은행을 직접 방문하지 않고 집이나 가까운 자동화 코너를 이용하는 방법도 널리 애용되고 있다.

✔ ATM기기를 통한 이용

은행 통장과 카드를 만드는 외의 기본적인 은행 업무를 은행 창구 방문 없이 해결하는 방법 중 하나가 자동화기기를 이용하는 것이다. 이 기기를 통해 예금, 출금, 계좌이체 등의 업무를 볼 수 있다.

ATM기기의 사용 방법 및 설명

● 이용 순서를 써보시오.

┃은행의 자동화 코너┃

✔ 홈뱅킹을 통한 이용

경제활동의 변천에서 살핀 바처럼 오늘날의 현대인은 정보통신의 발달로 인해 집 전화나 개인 컴퓨터를 통해서도 간편한 은행업무를 보는 것이 가능해졌다.

은행 업무 시간 및 이용 안내

영업일 : 평일(월−금)

오전 9시−오후 4시

현금지급기 : 24시 무휴

❸ 통계자료로 보는 예금·대출금

해방 이후 최근까지의 예·대금 그리고 증권 관련 수치의 변화를 통해 한국경제 규모의 성장을 짐작할 수 있다.

❚ 예금은행 예금, 대출금 ❚

연말	총예금	저축성예금	총대출금	금융자금대출
	10억원	10억원	10억원	10억원
1945	0.00	··	0.01	··
1955	4.5	0.7	3.8	··
1965	78.5	30.6	72.1	56.5
1975	2,812.3	1,943.7	2,905.5	2,713.8
1985	31,022.6	20,246.2	33,810.7	31,262.6
1995	154,136.1	114,436.8	152,477.7	140,982.8
2000	404,660.9	360,605.2	310,804.1	289,772.4
2002	512,419.4	456,982.8	471,684.3	448,248.1
2005	555,281.8	491,074.1	586,738.7	564,297.3

*2005년은 6월 말까지의 자료.

❚ 여의도 금융감독원 ❚

❚ 일간신문의 주식시황 ❚

❚ 종합지수 차트 ❚

▌증권 관련▐

연중	주식거래액 10억원	채권거래액 10억원	주가지수 1980. 1.4=100	회사채발행 10억원
1945	‥	‥	‥	‥
1965	9.3	0.2	96.0	‥
1975	333.9	16.7	△79.9	33.5
1985	3,620.6	3,778.9	138.9	3,176.7
1995	142,914.1	1,352.9	934.9	23,598.2
2000	627,132.9	26,878.2	734.2	58,662.8
2002	742,150.0	47,896.7	757.0	77,522.0
2005	299,941.2	191,581.9	991.3	18,984.7

*2005년은 상반기까지의 자료.

※ 단어 학습 ※

1. 보기 단어의 뜻풀이로 적당한 것을 찾아 이으시오.

| 취급 메카 융통 사채 국고금 환전 매체 일번지 대차 |

(1) 취급   • 그때 그때의 사정과 형편을 보아 일을 처리함. 형편에 따라 적절하게 처리함.

(2) 메카   • 어떤 작용을 한쪽에서 다른 쪽으로 전달하는 물체.

(3) 융통   • 어떤 일, 장소의 시작.

(4) 사채   • 어떤 분야의 중심이 되어 사람들의 동경·숭배의 대상이 되는 곳.

(5) 국고금   • 물건을 사용하거나 소재나 대상으로 삼음.

(6) 환전   • 서로 종류가 다른 화폐와 화폐, 또는 화폐와 지금(地金)을 교환함.

(7) 매체   • 국고에 속하는 현금.

(8) 일번지   • 개인이 사사로이 진 빚.

2. 보기에서 빈 칸에 들어갈 단어를 찾아 쓰시오.

| 화폐 외국환 주화 이체 대출 기기 |

(1) 상품 교환 가치의 척도가 되며 그것의 교환을 매개하는 일반화된 수단인 (　　) 은/는 경제활동에서 매우 중요하다.

(2) 한국의 부동산이 고가여서 대부분의 사람들은 은행에서 돈을 (　　)받아 부동산을 구입한다.

(3) 요즘은 컴퓨터 통신 장비 등의 발달로 은행에 가지 않고 집에서 친구에게 돈을 (　　) 할 수 있다.

(4) 한국의 (　　)에는 500원, 100원, 50원, 10원 등이 있다.

(5) 국제간의 채권이나 채무를 환어음의 교환으로 결제하는 방법을 (　　)이라 한다.

❋ 내용 확인 ❋

① 다음의 질문에 알맞은 내용을 찾아 쓰시오.

(1) 은행의 은행이란 무엇이며, 어떤 기능을 하는 지에 대해 설명하시오

(2) 금융권의 주된 기능을 찾아 쓰시오

(3) ATM 기기 사용방법에 대해 설명하시오

② 다음을 읽고 내용과 일치하면 ○, 아니면 ×, 모르면 △ 표를 하시오.

(1) 금융기관을 대표하는 곳이 은행이다. (   )

(2) 특수은행에는 KB은행, 외환은행 등이 해당한다. (   )

(3) 우리가 가장 많이 이용하는 것은 제1금융권이다. (   )

(4) 요즘은 통장이 없어도 입·출금이 가능하다. (   )

(5) 친구에게 돈을 보내기 위해서는 반드시 은행 창구를 이용해야 한다. (   )

③ 아래는 금융활동에 사용되는 대표적 수단이다. 각각의 장·단점에 대해 이야기해 보자.

❙여러 카드사의 신용카드❙

❙1,000원, 10,000원권의 지폐❙

▓ 활 용 ▓

① 한국에서 통용되는 지폐 및 주화에 대해 알아보자. 그리고 그 속에 그려
진 인물이나 내용에 대해 조사해 보시오.

② 금융권의 종류와 각각의 특징에 대해 쓰시오.

03 우편물과 우체국

○ 아래의 장소와 이동수단은 인간에게 어떤 편리함을 주었을까?

▌우편과 금융업무를 볼 수 있는 우체국▐

▌우체국 택배 차량▐

※ 학습 내용 ※

   교통과 통신이 발달하지 않았던 옛날과 지금의 통신 수단에는 많은 변화가 생겨났다. 그로 말미암아 인적, 물적 교류가 활성화되면서 국민들의 생활 전반에도 상당한 변화가 일어나게 되었다.

◆ 우체국과 일반 은행 업무의 공통점과 차이점을 이해할 수 있다.
◆ 과거의 전통적인 방식과 달라진 통신 시설에 대해 이해할 수 있다.
◆ 우체국을 방문하여 소포나 택배 등을 보낼 수 있다.

① 상황회화

A : 왕밍 씨, 행정실에 소포가 왔대요. 수업 끝나고 가보세요.

B : 아마 부모님께서 대학 입학 서류를 보내신 걸 거예요. 어제 부모님이 전화하
　　셔서 오늘 쯤 도착한다고 하셨어요.

A : 그렇군요. 예전 같았으면 한 달 가까이 걸렸을 텐데, 요즘은 정보 통신의 발달
　　로 우편물의 배달이 굉장히 빨라졌어요.

B : 맞아요, 하루 전 컴퓨터로 구매한 물건이 그 다음 날에는 받아볼 수 있으니까요.

A : 한편 온라인 쇼핑몰의 급속한 성장이 택배 사업의 발전으로 이어지면서 온라
　　인뿐만 아니라 오프라인 시장에도 많은 변화가 일어났어요.

B : 홈쇼핑의 발달도 이러한 변화에 많은 영향을 끼친 것 같아요.

② 우체국의 주업무

　우체국은 국내 또는 국외로 편지나 소포를 보낼 때 이용하는 곳이며, 요즘은 온라인 쇼핑몰의 발달로 택배업무도 하고 있다.

　이 중 우체국의 가장 주된 업무는 고객의 편지나 소포를 국내 또는 국외로 보내는 것이다. 편지는 빠르고 정확한 배달 정도에 따라 보통, 속달, 등기로 구분되며, 각각의 유형에 맞는 해당 금액의 우표를 사서 붙인다. 소포를 부치는 방법은 다음과 같다.

▌서울 중앙우체국▐

소포 및 택배 이용하는 순서

1. 소포로 보낼 물건들을 상자에 담는다.(우체국에서 여러 크기의 상자를 구매할 수 있다.)
2. 우체국에 들어가서 번호표를 뽑는다.

3. 해당 번호가 제시된 창구로 간다.
4. 우체국 직원에게 EMS(국제특급우편서비스)를 이용해서 국외로 소포를 보내고 싶다고 이야기한다.
5. 우체국 직원의 지시에 따라 신청 양식을 작성한다.
6. 소포를 저울에 올려놓는다.
7. 은행 직원에게 해당 금액을 준다.

✔ 국내 소포

국내에 소포를 보낼 경우, 익일 배달의 등기 소포와 3일 안에 도착하는 보통 소포의 이용이 가능하다. 만약 아주 급할 경우에는 추가 수수료를 지불하면 당일 또는 익일 오전에 배달이 가능하다.

✔ 국제 우편

국외에 우편물을 보내는 경우에는 배달을 원하는 일자가 없을 경우, 특정한 배달 일자를 원하는 경우 그리고 배달일자 및 시간까지도 보장을 원하는 경우에 따라 세 가지 방법이 있다.

✔ 우체국 택배

우체국에 가서 택배를 보낼 수도 있으나 집이나 직장에서 전화나 인터넷 신청만으로 소포를 보낼 수도 있다. 이 경우 중량과 크기에 제한이 있다.(30kg 미만, 160cm 이내)

③ 우체국의 기타업무

우체국에서는 은행처럼 우체국 통장을 만들어서 돈을 입금, 출금, 송금할 수도 있다. 보통 예금의 입·출금이나 송금과 같은 은행 업무에 해당하는 것이 우체국에서도 가능하다.

✔ 금융 사업

예금, 적금, 대출, 신용카드, 보험 등과 같은 금융상품을 취급하기도 하며 공과금 납부와 경조금의 배달도 가능하다. 전화나 컴퓨터 등 첨단 통신시설이 대중화되면서 우체국 고유의 우편업무는 갈수록 그 의미가 줄어들고 대신 전국 분포망을 이용한 금융 업무의 비중이 더욱 커지고 있다.

✔ 특산물 판매

지방특산물을 직접 가정으로 배달해주는 우편주문 판매도 하고 있다.

※ 단어 학습 ※

1. 보기 단어의 뜻풀이로 적당한 것을 찾아 이으시오.

익일　굉장히　소포　우표　부치다　창구　송금

(1) 익일　　　　　　・우편 요금을 낸 표시로 우편물에 붙이는 증표

(2) 소포　　　　　　・조그맣게 포장한 물건.

(3) 부치다　　　　　・아주 크고 훌륭하다.

(4) 굉장히　　　　　・창을 내거나 뚫어 놓은 곳.

(5) 우표　　　　　　・편지나 물건 따위를 일정한 수단, 방법으로 보내다.

(6) 창구　　　　　　・어느 날 뒤에 오는 날. '다음날', '이튿날'로 순화.

(7) 송금　　　　　　・돈을 부쳐 보냄. 또는 그 돈.

2. 보기에서 빈 칸에 들어갈 단어를 찾아 쓰시오.

익일　굉장히　소포　우표　부치다　창구　송금

(1) 젊었을 때 외국 친구들과 펜팔을 했는데 그 때부터 (　　　) 수집이 취미가 되었어요.

(2) 우체국에서 택배를 보내려면 포장을 잘 한 뒤 비용과 함께 (　　　)에 접수하면 된다.

(3) 조선 시대의 왕릉은 경주의 불국사와 석굴암 등과 함께 세계문화유산으로 등록된 것으로 (　　　) 소중한 문화재이다.

(4) 오늘까지 제출해야 할 과제물을 안 낸 학생들은 (　　　) 3시까지 연구실로 제출하시기 바랍니다.

(5) 어제 동대문 시장에서 산 옷을 (　　　)로 보내려는데 어떻게 하면 좋을까?

(6) 편지 봉투에 (　　　)은/는 풀로 붙이고, (　　　)은/는 (　　　).

(7) 친구에게 돈을 (　　　)하려면 은행에 직접 가서 할 수도 있고, 인터넷이나 ATM 기기를 통해 손쉽게 할 수도 있다.

※ 내용 확인 ※

① 다음의 질문에 알맞은 내용을 찾아 쓰시오.

(1) 과거의 통신 수단에는 어떤 것들이 있었는지 이야기해보자.

(2) 우체국의 업무에 대해 설명하시오

(3) 소포나 택배를 이용하는 방법에 대해 설명하시오

② 다음을 읽고 내용과 일치하면 ○, 아니면 ×, 모르면 △ 표를 하시오.

(1) 우체국의 전통적인 업무는 편지나 소포를 발송하는 것이다. (　　　)

(2) 우체국에서 급한 물건을 보내기 위해서 택배사업도 하고 있다. (　　　)

(3) 소포를 보낼 때에는 일정한 규격 상자를 이용해야 한다. (　　　)

(4) 소포의 요금은 물건의 용량에 관계없이 동일하다. (　　　)

(5) 우체국에서는 예금의 입출금 업무를 할 수 없다. (　　　)

③ 아래는 과거와 현재의 통신수단의 한 예이다. 이에 대해 이야기해 보자.

┃남산에 전시되어 있는 봉수터 모형┃

┃아파트 입구의 우편함┃

※ 활 용 ※

① 우체국과 일반은행과의 공통점 및 차이점에 대해 써보시오.

② 요즘은 예전과 달리 우편물 배달이 많이 줄어들었다. 이러한 주된 원인이 무엇인지에 대해 알아보시오.

부록1 구전동화

① 은혜 갚은 호랑이

옛날 호랑이 해에 건강한 사내아기가 태어났는데, 그 아이가 태어나던 같은 날, 같은 시각에 새끼 호랑이 한 마리도 태어났다. 흉년이 들어 먹을 것이 없던 어느 날 아기의 아버지는 사냥을 하러 갔다가 그만 호랑이에게 잡혀 죽는 큰 불행이 일어나고 말았다. 이에 마을 사람들은 건장한 청년들을 모아 산으로 들어가 그 호랑이를 죽여 아기의 원수를 갚아 주었다.

그러던 어느 날, 마을에 도적들이 쳐들어와 식량과 재물을 약탈하고 사람들을 납치해 이웃 나라에 팔기 위해 깊은 산을 넘어가던 도중, 억수같은 비와 호랑이를 만나게 되었다. 사람들이 모두 공포에 질려 있을 때 도적의 두목이 말했다.

"저 호랑이란 놈이 배가 고픈 듯하니 너희 중에 한 명이 제물이 되어 주어야겠다. 누가 나가겠느냐!"

그러나 아무도 나가려 하지 않자 도적 두목은,

"각자 옷을 하나씩 벗어 호랑이 앞에 던져 호랑이가 밟는 옷의 임자가 나가도록 하라!"

사람들은 저마다 자기의 옷을 벗어 호랑이 앞에 던졌다. 그러자 그때까지 꿈쩍하지 않고 사람들을 노려보던 호랑이는 천천히 앞으로 나와 옷들을 하나씩 살펴보다 그 중 하나를 선택했는데 그 옷은 봄에 태어난 사내아기의 것이었다. 사람들은 모두 안타까웠지만 어쩔 수가 없었고 아기의 어머니는 아기를 안고 나가며,

"이 아기가 없이 내가 무슨 낙으로 세상을 살아가리오. 차라리 아기와 함께 저

호랑이에게 죽겠소."

하며 눈물을 흘렸다. 사람들은 아기와 어머니를 호랑이 앞에 남겨 놓고 산비탈을 올라갔다. 남겨진 모자는 두 눈을 꼭 감고 최후를 준비하고 있는데 어찌된 영문인지 호랑이는 덤벼들지 않고 오히려 앞에 앉아 고개를 숙이는 것이었다. 그 호랑이는 새끼 호랑이의 어미였으며, 남편 호랑이의 죄를 갚기 위해 아기와 자신을 도적들에게서 구해내려고 나타났다고 하였다.

이에 아기의 어머니도 목숨을 구해준 호랑이에게 고마움을 표시하고, 나쁜 도적들에게 끌려간 마을 사람들을 구해낼 방도를 찾았다. 이 말을 들은 어미 호랑이는 모자를 등에 태우더니 비호같이 내달려 관아로 데려갔고 소식을 전해들은 고을 원님은 병력을 출동시켜 도적들을 모두 붙잡고 마을 사람들을 무사히 구출해 내었다.

② 호랑이와 나무꾼

옛날에 나무꾼이 늙은 어머니를 모시고 살고 있었다. 그런데 하루는 나무꾼이 나무를 하러 산에 갔다가 집채만한 호랑이를 만났다. 공포에 질린 나무꾼은 한 가지 꾀가 떠올랐다. 그래서 호랑이에게 당신은 어릴 때 잃어버린 우리 형님이 틀림없다고 어머니가 너무 걱정하시며 한평생 사셨다고 거짓말을 했다.

결국 그 호랑이는 자기가 나무꾼의 형님인줄만 알고 그 후부터 나무꾼의 앞마당에 멧돼지를 물어다 놓고, 나무꾼에게 예쁜 색시를 물어다 주는 등 갖가지 효도를 했다. 그러던 중 어머니가 병으로 돌아가시고 호랑이는 그녀의 죽음이 너무 슬퍼서 그만 바위가 되어버렸다. 나무꾼은 자신보다 호랑이의 효심이 더 지극하다고 느끼고, 자신에게 속아 자신의 어머니가 죽은 줄 알고 그만 돌이 된 호랑이의 새끼들을 잘 키웠다.

③ 호경(虎景)

고려 태조 왕건의 선조인 호경이 친구들과 사냥을 갔다가 날이 저물어 굴 안에서 밤을 지내게 되었다. 그런데 밤중에 커다란 호랑이가 굴 앞에 와서 사람들을 노려보며 으르렁거렸다. 겁에 질린 사람들은, 한 사람이 굴 밖으로 나가 호랑이의 밥이 됨으로써, 여러 사람이 호랑이한테 해를 당하지 않도록 하자고 하였다. 호경이 선택되어 굴 밖으로 나가자, 호랑이는 간곳이 없었다. 잠시 후에 굴이 무너져 굴 안에 있던 사람들이 모두 죽었다.

┃ 사나운 호랑이(민화) ┃
국립중앙박물관 201007-265

호경이 마을 사람들과 함께 죽은 사람들을 장사하고 산신에게 제사를 지내는데 갑자기 불이 꺼지더니 큰소리가 들렸다.

"나는 이 산을 다스리는 산신령이오, 호경을 굴 안에서 구해낸 것도 나였소. 나 혼자 지내기가 외로워 호경을 데려가니 그리 아시오."

사람들이 다시 불을 밝히고 보니 호경은 간곳이 없었다.

부록2 찾아보기

사진 제공 및 협조

도움 주신 분들

화보

- 민족의 영산(백두산), 산사의 단풍(가을), 고사목의 설경(겨울), 동해의 일출 −강태웅님
- 한라산 철쭉(봄) −제주도 관광협회
- 삼성중공업(거제도) 전경 −삼성중공업 제공

제1부

제4부

제5부

• 위 목록의 사진을 제공해주신 분들과 이용을 허락해주신 모든 분들께 감사의 말씀을 올립니다.

• 저작권자를 찾지 못하여 게제 허락은 못 받은 사진은 저작권자를 확인하는 대로 게재허락을 받고, 통상 기준에 따라 그 값을 드리겠습니다.

❙ 김진호(문학박사)

　(현) 경원대학교 국어국문학과 교수

　(전) 경원대학교 국제어학원 한국어 주임교수

❙ 장권순(문학박사)

　경원대학교 국제어학원 한국어 주임교수

❙ 이태환(문학박사)

　경원대학교 국제어학원 한국어 전담강사

외국인을 위한 한국문화 (상)

초판 인쇄 2011년 2월 15일 ｜ 초판 발행 2011년 2월 28일

지은이 김진호·장권순·이태환

펴낸이 이대현

편　집 박선주

펴낸곳 도서출판 역락 ｜ 등록 제303-2002-000014호(등록일 1999년 4월 19일)

주소 서울시 서초구 반포 4동 577-25 문창빌딩 2층

전화 02-3409-2058(영업부), 2060(편집부) ｜ 팩시밀리 02-3409-2059

전자우편 youkrack@hanmail.net

ISBN 978-89-5556-886-8　93300

정가 15,000원